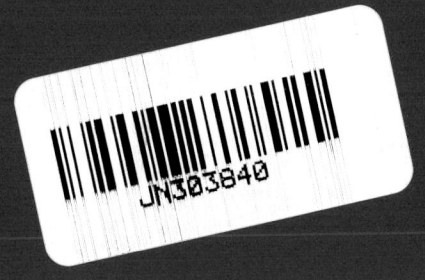

スペインのロマネスク教会

時空を超えた光と影

サンチャゴ・デ・コンポステーラへの主要巡礼路

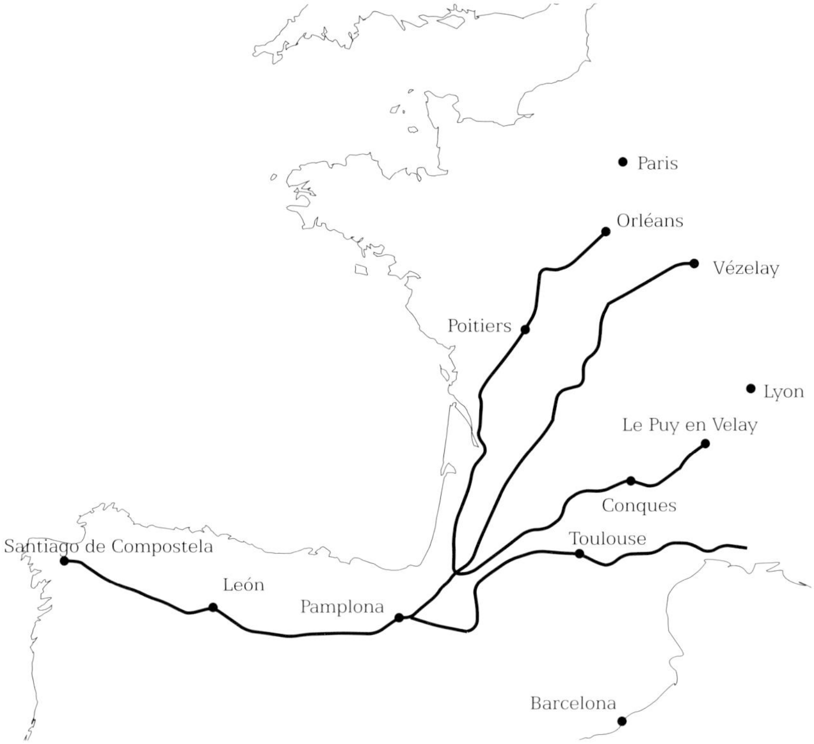

スペイン北部地図

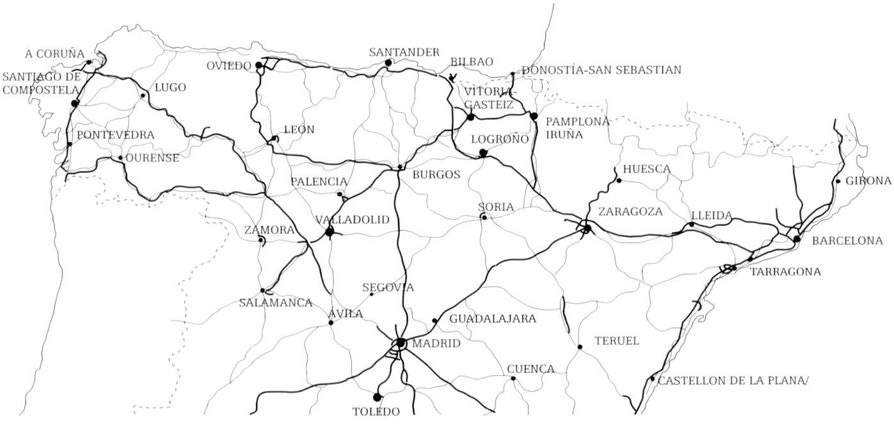

ヨーロッパ建築ガイド

Romanesque Architecture in Spain

スペインのロマネスク教会

時空を超えた光と影

櫻井義夫＝文　堀内広治＝写真

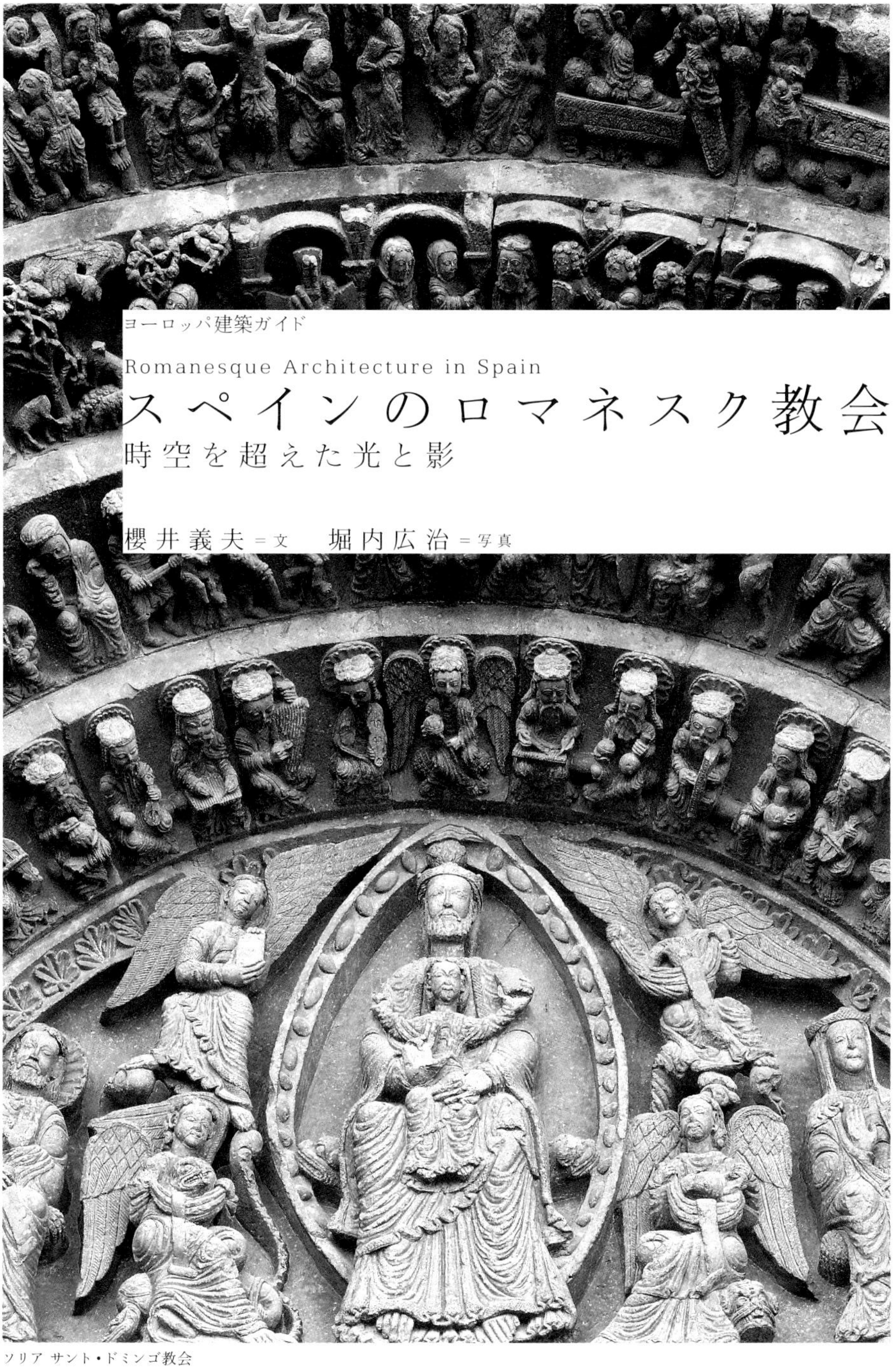

ソリア サント・ドミンゴ教会

まえがき

本書は前書「フランスのロマネスク教会」の続編としての位置付けをもっている。フランス編はロマネスク教会の第一巻として、ロマネスク教会一般の解説を含む記述があるが、本書においては簡潔な解説をつけるにとどめている。叙述はフランスからの巡礼路を意識した形で進められているから、対照させる意味でも前著「フランスのロマネスク教会」を是非参照されたい。
スペインにおけるロマネスク教会が存在するのは、歴史的な経緯からほとんど北スペインである。地域としては、カタルーニャ、アラゴン、ラ•リオハ、ナバーラ、バスク、カンタブリア、カスティーリャ•イ・レオン、アストゥリアス、ガリシアなどである。今回の紹介は、サンチャゴ・デ・コンポステーラの存在が極めて重要であることから、カミノ・デ・サンチャゴと呼ばれる巡礼路を辿る道筋の教会を、山の道、海の道に分けて紹介し、そこからどうしても漏れてくる重要な教会群を、地域に分けてカスティーリャ・イ・レオンの教会、カタルーニャの教会として紹介することで、全体を４編に分けることとした。
前編のフランスでは極力多くの教会の解説をつけることを本義としたが、本編では巡礼路の流れを重視して、個別の解説を抑えてイメージの連続感を大切にした。私たちが数多くの教会を取材した中で厳選した109の教会は別表の教会一覧（p.158）を参照していただき、さらに余裕のある方の

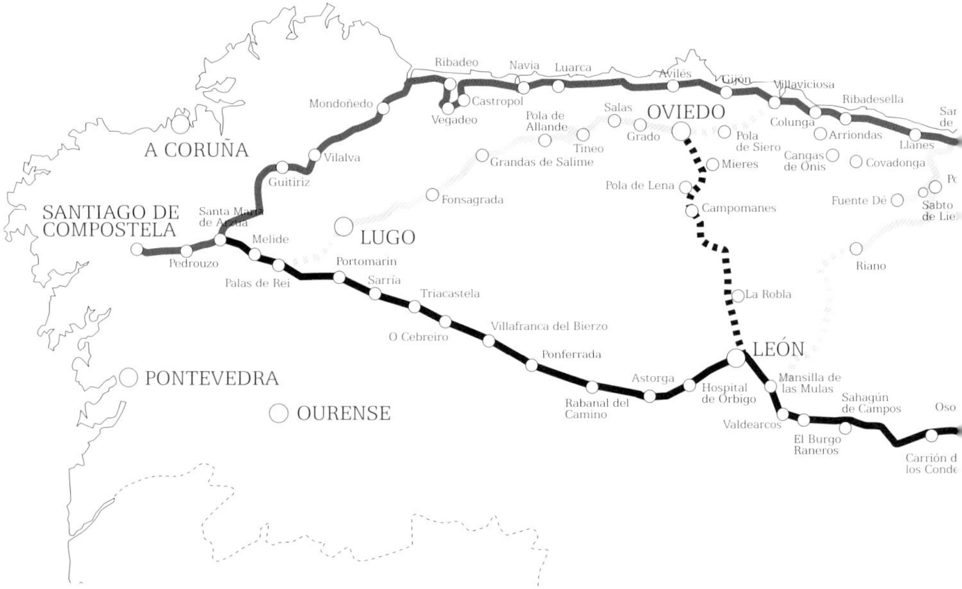

スペイン国内の巡礼路

旅の参考としていただきたい。
ガイドブックとしての機能は今回も意識し、なるべく地図は用意するようにしている。しかし教会によっては一般的に詳しいとされる地図にも載っていない村にあることも多く、市販の詳しい地図と見比べながら判断いただかねばならない場合もあることを意識されたい。
それぞれの教会は現在信仰の場として残っている場合もあれば、博物館として保存されている場合もあって、その呼び名を確定するにあたって問題を残すが、歴史時代を配慮した呼称を極力採用している。ばらつきに関してはご容赦願いたい。
教会名の表記法については、バスク、カタルーニャは土地の言葉の問題があり、一般的には方言による表記を必要とするが、カタルーニャ人に一部読み合わせをしてもらった以外は、部分的に標準カスティーリャ語の表記が混在することとなってしまった点についてはご容赦願いたい。また日本語のかたかな表記においても、本来スペイン語に区別のないバ、ヴァなどの書き分けを含め、筆者の独断が混ざっている場合がある。筆者が言語及び歴史研究者ではなく建築家であることを考慮いただき、これに関してもどうかご容赦願いたい。

route 1 Map　El Camino Francés　サンチャゴへの道

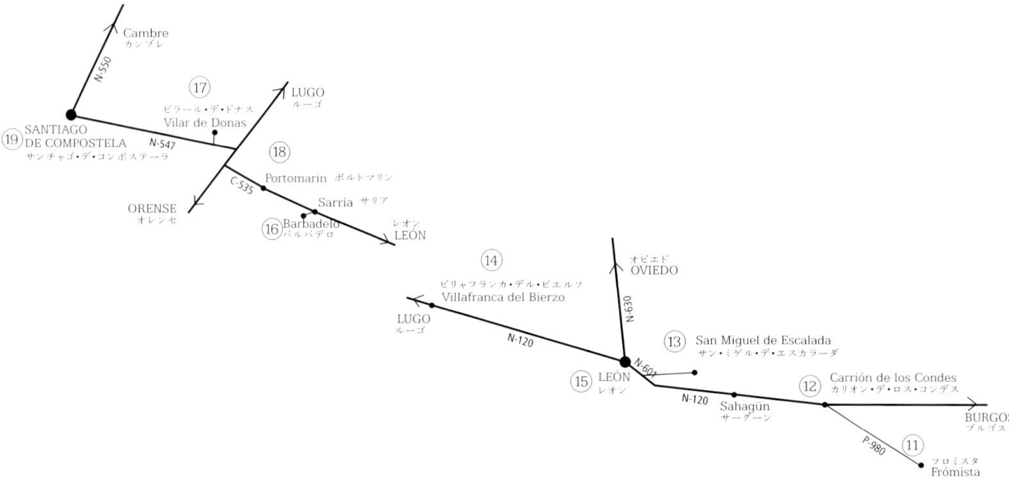

route 2 Map　El Camino de Mar　海の道

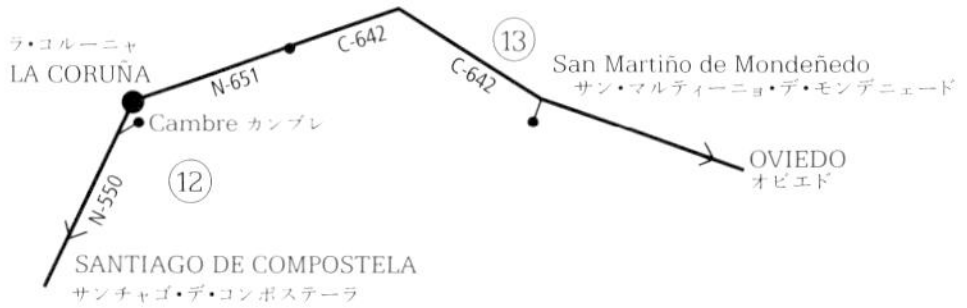

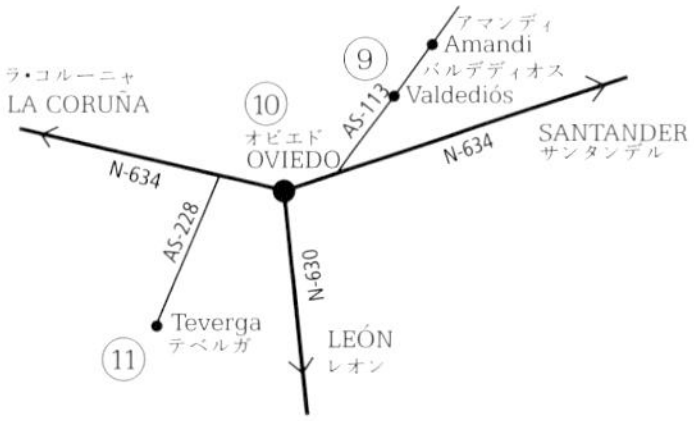

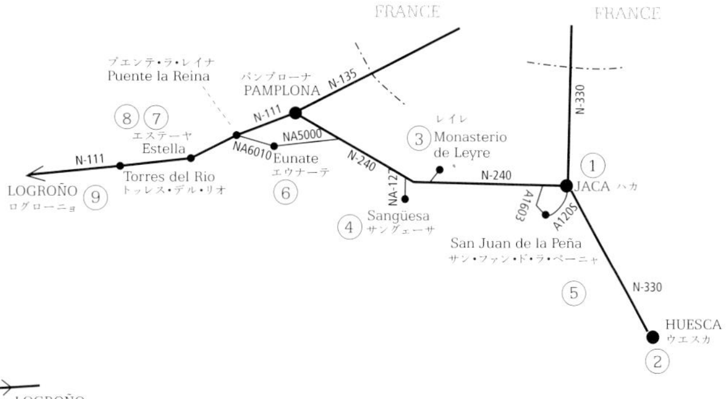
FRANCE
FRANCE
プエンテ・ラ・レイナ
Puente la Reina
パンプローナ
PAMPLONA
N-135
N-111
8
7
エステーヤ
Estella
NA5000
NA6010
Eunate
エウナーテ
6
N-111
Torres del Rio
トッレス・デル・リオ
LOGROÑO
ログローニョ
9
N-240
NA-127
4
Sangüesa
サングェーサ
レイレ
3
Monasterio
de Leyre
N-240
N-330
1
JACA ハカ
A1603
A1205
San Juan de la Peña
サン・ファン・ド・ラ・ペーニャ
5
N-330
HUESCA
ウエスカ
2

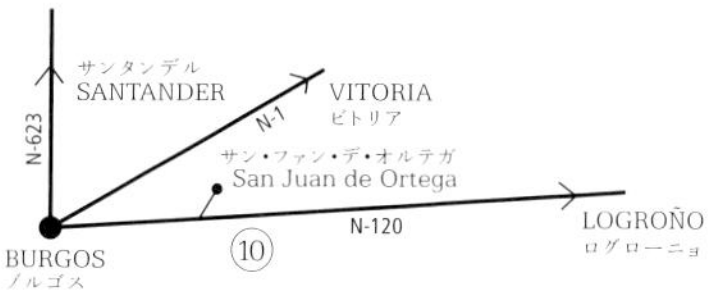
サンタンデル
SANTANDER
N-623
N-1
VITORIA
ビトリア
サン・ファン・デ・オルテガ
San Juan de Ortega
N-120
LOGROÑO
ログローニョ
BURGOS
ノルゴス
10

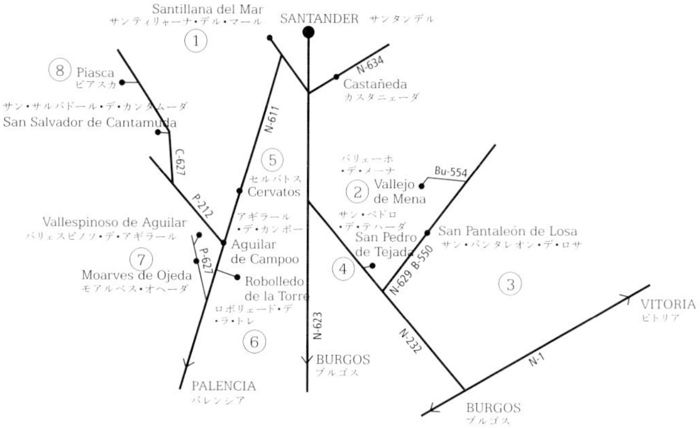
Santillana del Mar
サンティリャーナ・デル・マール
1
SANTANDER サンタンデル
N-634
Castañeda
カスタニェーダ
8
Piasca
ピアスカ
サン・サルバドール・デ・カンタムーダ
San Salvador de Cantamuda
C-627
N-611
5
セルバトス
Cervatos
P-212
Vallespinoso de Aguilar
バリェスピノソ・デ・アギラール
アギラール
・デ・カンポー
Aguilar
de Campoo
7
P-627
Moarves de Ojeda
モアルベス・オヘーダ
Robolledo
de la Torre
ロボリェード・デ
・ラ・トレ
6
PALENCIA
パレンシア
N-623
BURGOS
ブルゴス
バリェーホ
・デ・メーナ
Bu-554
2
Vallejo
de Mena
サン・ペドロ
・デ・テハーダ
San Pedro
de Tejada
4
N-629 B-550
San Pantaleón de Losa
サン・パンタレオン・デ・ロサ
3
N-232
N-1
VITORIA
ビトリア
BURGOS
ブルゴス

route 3 Map Castilla y León カスティーリャ・イ・レオン

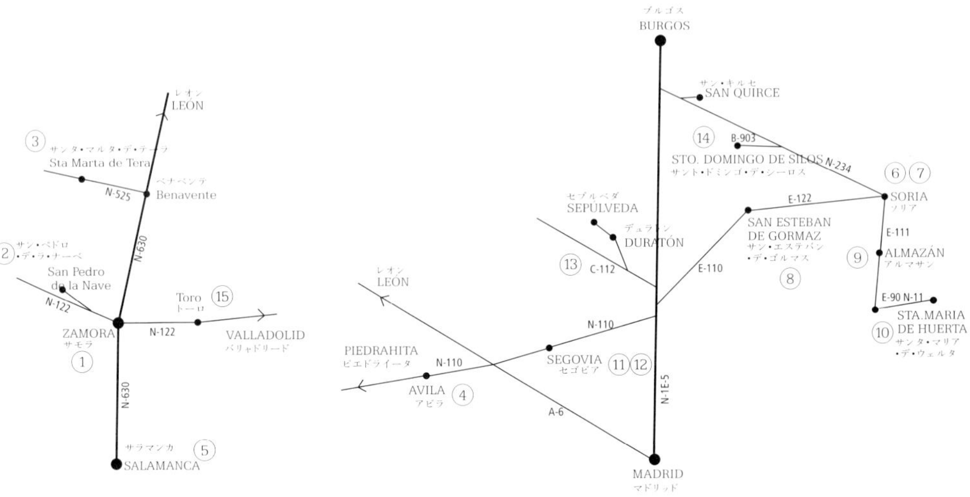

route 4 Map Catalunya カタルーニャ

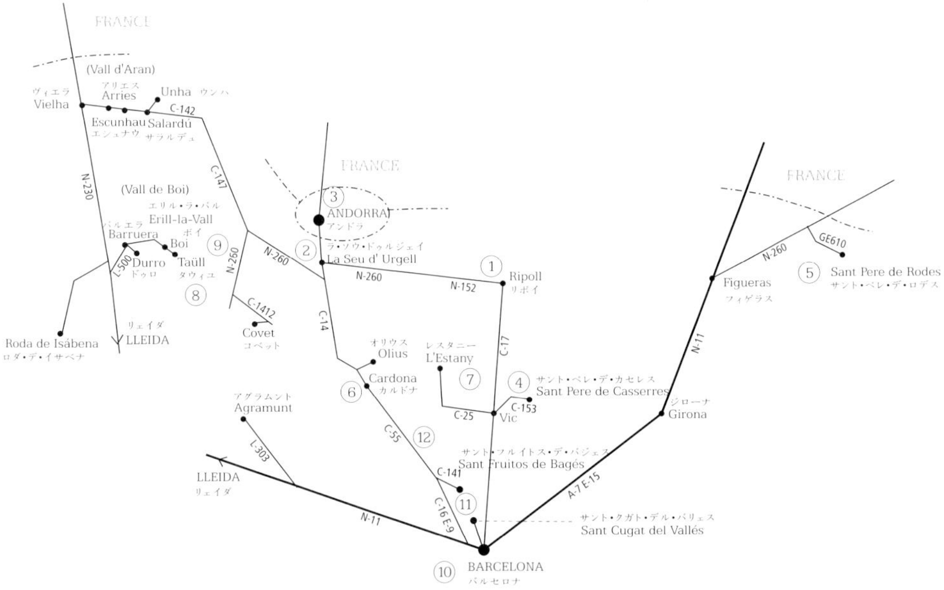

アラン谷　アラン谷最深部の村、バゲルグエ。ここからのアラン渓谷の眺めはひみつの場所。雪化粧のピレネーを背景にロマネスクの鐘楼が姿を見せる。

ボイの谷 タウィュ村 サント・クリメント教会　この地方独特の荒い石積みの鐘楼が村のシンボル。山の向こうはもうフランス。

(上) プエンテ・ラ・レイナ「王妃の橋」　ヨーロッパ各地からの巡礼路も、この橋の手前で一本になりサンチャゴを目指す。橋の名前はプエンテ・ラ・レイナ。町の名前の由来にもなっている「王妃の橋」の水面に影を落とす姿は美しい。
(下) エウナーテ サンタ・マリア・デ・エウナーテ教会　一面の麦畑の中にポツンと建っている教会。その昔、行き倒れた巡礼者を供養した聖墳墓教会だったという。

ソリア サン・ファン・デ・ドゥエロ教会　イスラムの影響が色濃く残る教会の回廊。まるで南スペインに居るような錯覚に陥る。

(上) サンチャゴ・デ・コンポステーラ サンチャゴ大聖堂内部の名匠マテオが築いた栄光の門　中央の柱の上部には聖ヤコブの座像があり、周囲に緊張感を与えている。
(下) レスタニー サンタ・マリア・デ・レスタニー教会　人口数百人のレスタニー村。村の自慢は完璧な姿で残っているロマネスク様式の回廊。こんな小さな村にでも一級品の文化遺産が残っている。

レオン　サン・イシドロ王立僧会教会　王家の霊廟ともなると、幾度と目にした天井画とは風格の違いすら感じ取れる。巡礼路随一の天井画。やっと取れた撮影許可に、この空間を一人占め。

SCS
MAR
TINVS

サンチャゴ・デ・コンポステーラ　サンチャゴ大聖堂。長く厳しい旅の終着地。多くの旅人はこの地を目指しひたすら歩く。オブラドイロ広場を大聖堂が見下ろしている。

教会建築部位名称解説図

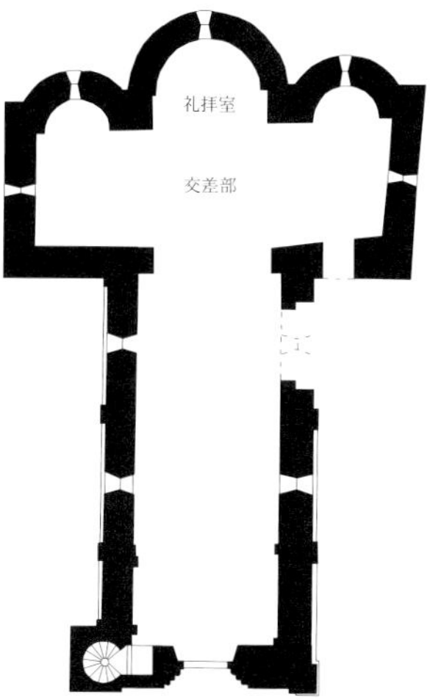

ラテン十字式平面

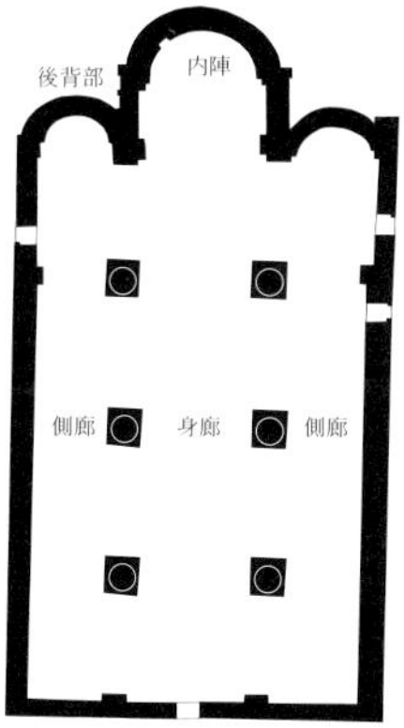

バシリカ式平面

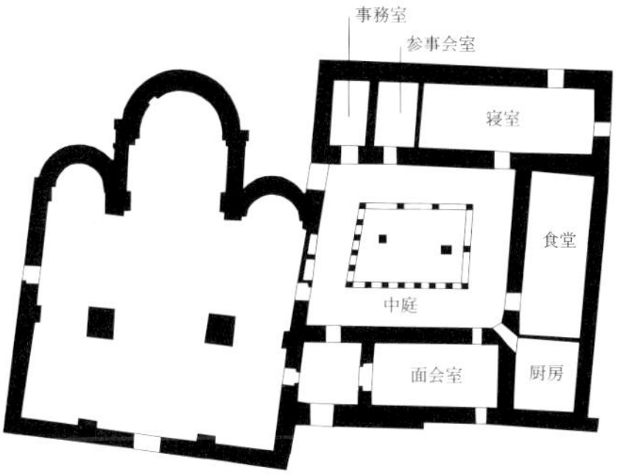

修道院平面

集中式礼拝堂平面

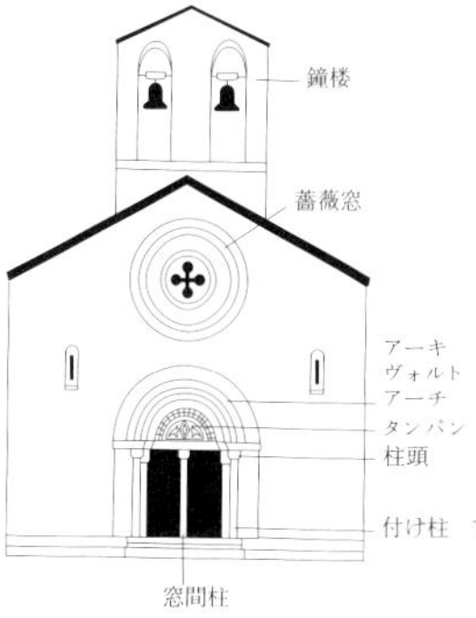

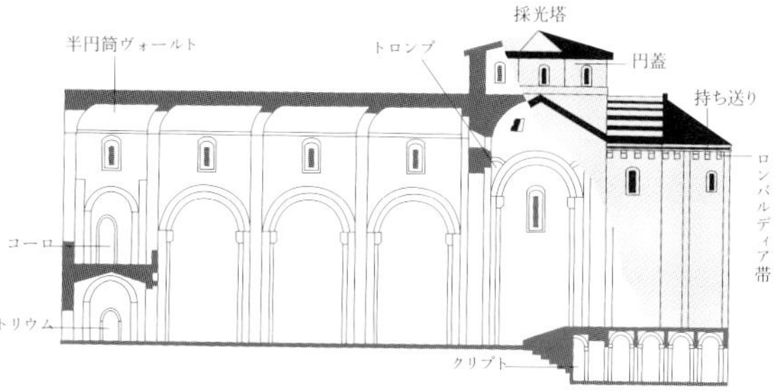

スペインのロマネスク教会

目次

スペインのロマネスク教会

10世紀から12世紀末、あるいは13世紀のはじめころまでの間に、ヨーロッパに根付いたローマ時代の建築技術をもとに各地の地域性や文化的な背景によって成立し、特定の表現形式に統一される教会群を一般的にロマネスク教会と呼んでいる。「フランスのロマネスク教会」においてもすでに紹介しているが、フランスにおいては各地でそれぞれの地域性や個性が明快に表現されていたように、スペインでも各地域で極めて個性的な表現に出会うことができる。

フランス各地を出発点とし四つに収斂される巡礼路の行く先はスペイン・ガリシアの地、聖ヤコブを祀るサンチャゴ・デ・コンンポステーラのサンチャゴ大聖堂である。穏やかな丘陵地の多いフランスに比べて、ピレネー以西は強烈な大自然の脅威をまざまざと見せつけられる道が待っている。圧倒的な岩肌が迫る渓谷や尾根の只中に点在する小さな教会、岩山全体が建築化された量塊、大平原の中にようやく見つけられる旅人の避難所など、ひとたびこの道に踏み込むと、その印象的な自然抜きには語ることのできない場面に次から次へと包み込まれていってしまう。かつての聖遺物へと向かう信仰の道は、今日も生きている。いやむしろ、この巡礼路が世界遺産に登録されてからは、往来が盛んになりつつある。中世の信仰生活から生まれる巡礼に比べれば、今日の巡礼は信仰心において異なる位相にある場合が多いだろうが、踏破したときに生まれる充足感においては、あまり変わるところがないのではないか。厳しくも美しい自然、地域性あふれるロマネスク教会とその空間との出会い、地域色豊かな食事など、魅力に満ちた巡礼の旅がそこに待っているからだ。

スペインにおけるロマネスク期の教会は、概してその歴史的、地理的制約から規模の小さな教会が多く、フランスと比べればその差は明快であるが、それぞれ独特の空間や彫刻によって独自性を発揮し、その魅力は決して劣るものではない。

ローマ建築文化の基盤はヨーロッパ全土に及び、スペインの場合も同様であるが、北部のアストゥリアスにはオビエドに代表されるようなケルト系の文化が混成したプレロマネスクの流れがあり、フランスからは西ゴートの流れがあり、その後ロンバルディアからの地中海沿岸の流れを受けている。スペインの最大の特殊性は、さらに南部からイスラム教徒の侵入を受けてイスラム文化が伝播し、レコンキスタ（失地回復）によってキリスト教文化圏が回復するという、大きな文化の波が押し寄せては引いていったように、その痕跡がその後のスペイン建築に大きな影響を与えたことにある。こうした数々の文化の混交がすべてのロマネスク教会の基礎となっている。特にイスラム教下のキリスト教徒をモサラベ、キリスト教下のイスラム教徒をムデハルと呼ぶが、それぞれのもつ建築文化は互いに結びつきあって混交し、ハイブリッド建築を形成していった。ムデハル様式の教会、モサラベ様式の教会はそれぞれ独特の表現を獲得し、スペイン建築の重要な要素となったのである。特にムデハル様式の建築はカタルーニャからカスティーリャ・イ・レオンまで広汎に点在し、高さを強調するヴォリュームと印象的な陰影を与えるレンガ積みの壁面に特徴をもつ表現で知られ、その代表的な例はサグーンにあるサン・ティルソ教会やサン・ロレンソ教会などである。一方モサラベ教会の特徴は馬蹄形アーチの使用と繊細な幾何学装飾である。その代表的な例がレオン近郊にあるサン・ミゲル・デ・エスカラーダ教会である。

時代区分としてはおよそ1075年までを初期ロマネスク、それ以降を盛期ロマネスクと区分することとする。初期ロマネスクの代表的な作品は主にカタルーニャにあり、ここは地中海文化、ロンバルディアからの建築文化に強く影響された地域であることから、その繁栄も早かったことが容易に想像できる。ヴィックの大聖堂、リポイのサンタ・マリア、サント・ペレ・デ・ロデス、カルドナのサント・ビセンスなどはフランス側の初期ロマネスク教会とともにカタルーニャにおける黄金時代を形成し、続いてナバーラのレイレやロアレへと波及した。この時代の最後を飾るのはレオンのサン・イシドロであり、絵画の完成もここに見ることができる。初期ロマネスクはそれぞれに個性的な傾向や構成をもった教会が中心であり、いまだそれぞれの文化的な背景が個別に鮮明に反映されているのに対し、盛期ロマネスク期は急激に小教会が地方に広まり建設ラッシュとなった時代であり、同時にその形式的な収斂が急激に進むこととなった。その背景には経済的な繁栄と社会の安定による情報の交流促進、クリュニーの改革が浸透してきたことによる系列化などの要素があるが、同時にこうした背景は巡礼の黄金時代をも推進した。ハカの大聖堂、フロミスタのサン・マルティン、サンチャゴ大聖堂などはこの時代の代表的な教会であり、傑作と目されるものはその他にも数多くある。

一般的にロマネスク教会の特徴は、統一された表現の基盤をもちながらもその多様で豊かな地域性にあるとされる。地域独特の石やレンガを使用することによって独特のテクスチャーを獲得したり、地域で活躍する彫刻家による個性的で民俗的な作品群が残存することなどは、その典型的な例であろう。そんな多様性の中にも盛期ロマネスクにはいくつかに収斂する特定の形式が存在する。前述したように、スペインのロマネスク教会は、フランスに比べて、自然の条件や経済的な条件から規模が押えられたものが多く、フランスには数多く存在する内陣の礼拝室をめぐる巡礼式教会はほとんどない。最も典型的な形式の例は、単身廊で南側にギャラリーを形成する（またはギャラリーなしで）入り口をもち、内陣はシンプルな半円形を突出させているものであり、3スパン程度の規模が一般的である。鐘楼は西正面の中央にある場合、交叉部にある場合、内陣と身廊の接合部のどちらかの角にある場合に分かれる。こうした形式を基本に規模が大きくなれば3身廊になり、スパンが増え、内陣が拡大してゆく。これは国境を越えてフランス側ピレネー山中にある教会にも当てはまるものが多い。上記の小教会の南側にギャラリーをもつ形式は、いわば回廊をもてない小教会に、回廊の機能の一部と入り口の両方の機能を受けもつ空間を加えることであり、象徴的な部分であることによって意匠構成はさまざまに発展充実していった。これは特にカスティーリャ・イ・レオン地方に数多く見られる空間構成である。

西ゴート、プレロマネスク、モサラベ、ムデハルなど、混成する多様な形式に目を奪われながらも、その根底に流れるのは常にシンプルで象徴的な光と影の美しい空間であり、この空間の魅力こそが再びここに誘う巡礼の原点であることはいうまでもない。

巡礼路といえばそれはサンチャゴ・デ・コンポステーラへの道のことである。ヨーロッパ全土から出発した巡礼者たちはピレネーへと合流し、峠を越えればここに紹介する道を皆辿っていたのである。このキリスト教徒の流れは信仰の流れであり経済の流れでもあった。巡礼路の教会は比較的規模の大きい教会が多く、その建設に当たっては多くの交流が生まれ、文化の流れもここに作り出されたといってよい。

多くの地域とさまざまな地理的条件によって、巡礼路の教会は変化に富んでいる。ピレネー周辺はフランス側のポーやオロロン・サント・マリーなどの教会との類似性や関連が見出され、地理的に限定された地域のまとまりを感じさせるのに対し、ブルゴスからレオンは平原の中で多くの分岐路の可能性があるから、教会は広汎な地域に分布し、イスラムの影響を受けたモサラベ、ムデハルの教会も同時に広汎に分布する。レオンはスペインにおける巡礼路の中間点であり、ブルゴーニュ、ベルゼ・ラ・ヴィルをスタートとすると王立パンテ

route 1

El Camino Fr

サンチャゴへの道

オンはロマネスク絵画のゴールである。この間にはトッレス・デル・リオ、エウナーテ、フロミスタ、カリオン・デ・ロス・コンデスなどの輝かしいモニュメントが強烈な存在感を表現している。レオンからは厳しい峠越えが始まるが、山中の小教会や避難所は自然と対峙し、幾何学的な美を表現していると同時に、人間に安らぎをもたらす架構物としての原点を見る思いがする。そこに信仰が存在すれば山中の表現として極めて印象的なものとなるだろう。道の途中にはサンチャゴ、聖ヤコブの象徴である帆立貝がいたるところにあって、教会の彫刻にも表現されれば、現代の道標としても使用されている。その象徴の行き先は最終地点であるサンチャゴ・デ・コンポステーラであるが、バロックの纏をかけたロマネスク教会は終着点にふさわしい巨大で神聖なるモニュメントである。広場とのレヴェル差を階段で解消する仕掛けは、ファサードの象徴性を高める極めて有効な手段であり、栄光の門へ到達するための最後の巡礼路なのである。

サン・ファン・ド・ラ・ペーニャ修道院

Catedral de Jaca

ハカ大聖堂（ハカ）

記録に残るハカの町は9世紀初めにまでさかのぼるが、現在の歴史的街区はサンチョ・ラミレス王の統治下時代である11世紀後半に形成されたものであり、大聖堂もこの時代に完成した。1060年代から1070年代に完成したとされるが、その10年後にはフランス側のオロロン・サント・マリーにあるサン・クロワ教会の模範になったとされ、初期のロマネスク教会としてフランスとスペインをつなぐ重要な教会としての価値をもつ。バジリカ形式の3廊式で、内陣中央は本来長いコーロをもつ構成をとっていたが後世に改造されている。西門の優雅で古風なタンパン彫刻、南門前のポルティコは後世に各地で集めた柱頭で構成したものとされているが、いずれも古い起源を思わせるものであり、レオンのサン・イシドロの表現や、トゥールーズの彫刻に見られる特徴を想起させる。中庭は修復され、ロマネスク博物館として機能している。壁画にも見るべきものが多い。

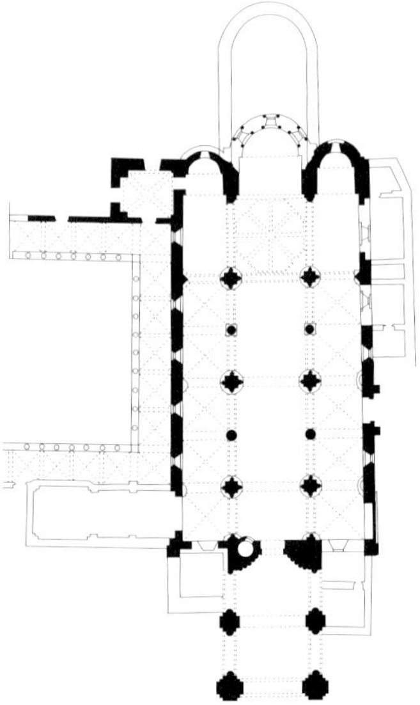

アクセス…………ハカの町の中心部。レストラン・ホテル多数有り。

San Pedro el Viejo

サン•ペドロ•エル•ビエホ教会（ウェスカ）

広範な農地をもち、交通の要衝にあるこの地はイスラム教徒の支配を4世紀の間受けた後に、アラゴン王サンチョ・ラミレスによって11世紀なかごろ失地回復を果たした。彼の後継者によって北部スペイン最大のメスキータを改造して1097年に大聖堂としたが、すでに存在したサン・ペドロ教会と差別化するために、エル・ビエホと呼ばれることとなった。改造を重ねてロマネスク教会として生まれ変わったのは1117年、中庭はさらに下って12世紀後半とされている。

3身廊のシンプルな教会で半円アーチで構成され、交叉部のドームは13世紀の初頭に載せられたものである。入り口アーチは全部で3箇所あるが、北側と南側が興味深い。上部にキリストの象徴を支える2人の天使、下部に三王来朝の情景が描かれる。この形式のモデルはすでに同時代にいくつかあって、シャリテ・シュール・ロワールの南門にその範があるのではないかとの説もある。

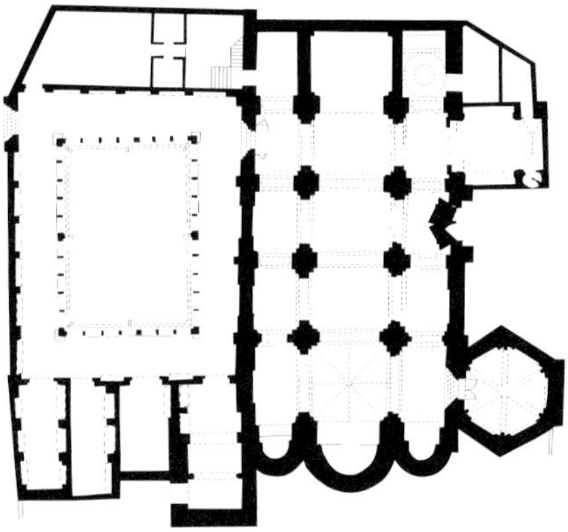

シンプルな中庭には多くの柱頭彫刻が残されているが、そのうちの約半分がオリジナルのレプリカで、本物は博物館のほうへ移設されている。ほとんどの彫刻の題材は聖書に基づくものであり、そのいくつかはサン・ファン・ド・ラ・ペーニャやサングエーサの彫刻との類似性が指摘されている。

ウェスカのロマネスク建築はイスラム教時代を起源としているために、その多くはモサラベ教会と考えられる。静かで優雅な市内をゆっくり回遊しておきたい。

アクセス…………パンプローナ[3]よりN240、A132を乗り継ぎ約170km。

San Salvador

サン・サルバドール教会(レイレ)

パンプローナ、ハカから近く、特にパンプローナとは常に強い関係をもっていたが、地理的にみて戦略的に重要な場にあるために、数々の変遷を余儀なくされた。848年にはすでに宗教施設があり、現在のクリプトよりも西に収まってしまう短い構成をもっていたことがわかっているが、10世紀のモスレムの侵入によって破壊され、その後モサラベ教会へと変遷し、現在の基本的な部分が完成したのは1057年のことである。1098年に新たな奉献の記録はあるが、13世紀にシトー派の教会として改造拡大を受け始めてからはほとんどの身廊部分をゴシックに変更されている。

したがってロマネスクの見どころは後陣とクリプトである。この部分がつくられたのはまだハカやパンプローナの教会の建設が始まっていない時期であり、むしろここにおいてこの地域のモデルが提示されたといっても過言ではない。その外観は三つの礼拝室が同じ高さをもつ特徴的なヴォリュームを見せており、シンプルで力強い。クリプトでは上部の重量をそのまま地面に伝えるように降りてくるアーチがピン構造のような柱に力を伝え、初源的なイメージをもつ力強く同時に繊細な柱頭彫刻を間に介している。後陣の柱頭彫刻も極めて古い単純な模様と人の顔で構成され、テベルガやバルデディオスなどの古い彫刻だけがその類似性を語れるだろう。南門、西門は12世紀のものと考えられており、西門には多くの彫刻が施されている。聖人や受胎告知などその題材は多彩であるが、その手法は平面的で先行する古い表現を踏襲しているかのようである。タンパンはアーキヴォルトよりも時代が下がる可能性があるとされている。

アクセス…………パンプローナ[3]よりN240をハカ方面へ約50km、Yesa手前を左折(指示有り)約4km。

Santa María la Real

サンタ・マリア・ラ・レアル教会（サングエーサ）

サングエーサはアラゴン川に沿う交通の要衝にあって巡礼によって栄えた中世の町。幹線道路に面してあった王の宮殿を譲り受けて教会となったことから、その敷地に合わせたために東西の本来の軸が逆になっている。全体に3段階の建設時期で構成されており、後陣から交叉部にかけてが12世紀前半のもの、側壁の南門周りが12世紀終わりから13世紀初めころ、身廊部分やドームはゴシック時代の13世紀後半のものであると考えられる。内部左側側壁部分には時代の重なり合いがはっきり見て取れる。

最大の見どころは南門である。二人の彫刻家の手で構成されたことがわかっている。柱の間に立つ人物彫刻の左から二人目の聖母マリアがもつ開いた本の中に一人の彫刻家の名前、レオデガリウスの名が刻まれており、もう一人はサン・ファン・ド・ラ・ペーニャ修道院回廊の彫刻やウェスカを手がけた人物である。見どころは三つの部分に分かれる。アーキヴォルトを支える柱の間に立つ極めて特徴的な人物彫刻と、おそらくオータンを参照したと思われるタンパン彫刻、サン・ファン・ド・ラ・ペーニャの作者の作品と思われるアーキヴォルト上のギャラリーに並ぶ人物像である。内陣アーチの柱頭彫刻はハカの影響が明快にみてとれる表現で聖書の物語を描いており、これも内部の見どころである。数多くの見どころがありながらも、南門に道が直交する配置から都市との関係も密接であり、むしろ町の一部としての全体像を見てこそ、その魅力をさらに確認することができるだろう。

アクセス…………パンプローナ[3]よりN240をハカ方面へ約45km、Liedenaを右折（指示有り）約6km。

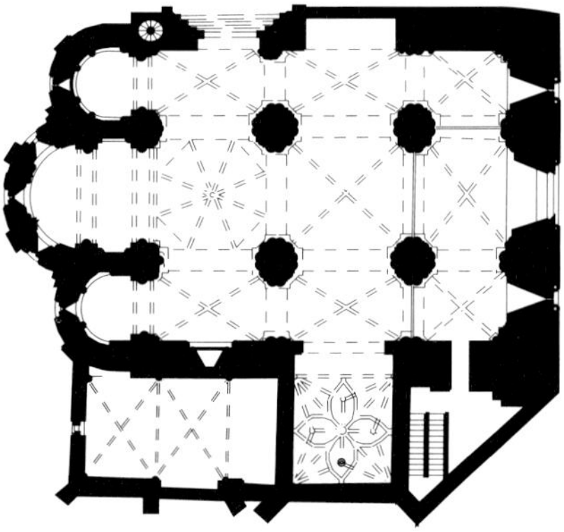

Monasterio

サン・ファン・ド・ラ・ペーニャ修道院（サン・ファン・ド・ラ・ペーニャ）

8世紀後半、ラーマン1世の侵攻に押し出されたキリスト教徒がパーノ山中に隠遁し礼拝所を営んだことがその起源とされる。その立地と起源が象徴性を高め、11世紀には隠れた礼拝施設所としての存在を広く知られるようになった。正式には1094年にハカ司教とペドロ1世によって奉献され、教会としての地位を確立した。

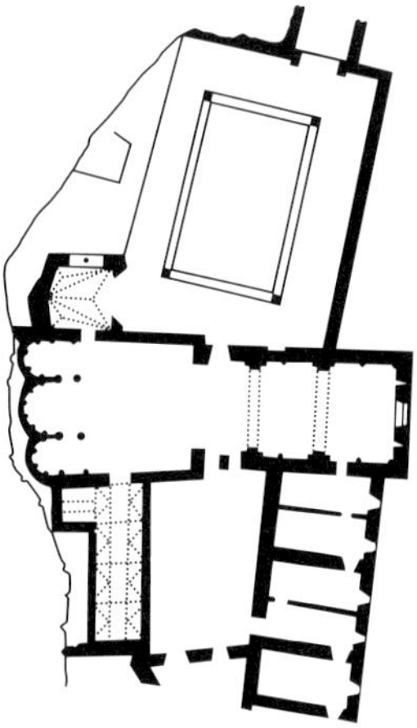

大きくオーバーハングした岩場の下に2層に展開する、他に類を見ない構成をもつパノラミックな修道院。下段の9世紀のモサラベ教会と上段に重層した11世紀の教会が立体的に複雑な構成を見せる。上段の教会にはフレスコ画が施され、同時代でいえばレオンの画風よりはむしろフランスのベルゼ・ラ・ヴィルの画風により似ているといわれる。中庭は展望台のような台地に位置し、迫り出した岩場を屋根にもつ最も象徴的な要素である。主に聖書を題材とした柱頭彫刻が良く残っており、ソリアなど12世紀の同時代の作品との関連が指摘されている。

アクセス…………ハカよりN240をパンプローナ方面へ約10km。道路に指示有り。ここから約10km。最後の5kmはかなり細い山道、くれぐれも注意。

Ermita de santa maria de Eunate

サンタ・マリア・デ・エウナーテ教会(エウナーテ)

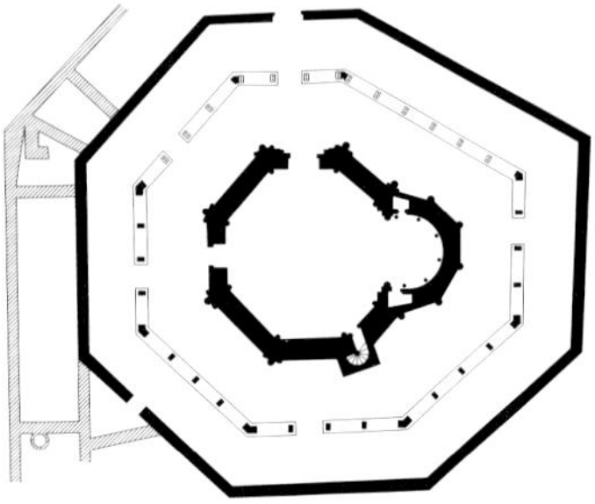

巡礼路から枝道に入ると、なだらかで美しい田園風景の先に忽然と現れる集中会堂。12世紀後半の建築とされるが、アーチはすべて半円形で構成されている。

8角形の集中式礼拝堂の周りに回廊状の外部空間が展開する。北側に本来の入り口を配し、東に礼拝室を突出させるという構成をとっており、屋根には不規則な6角形の開口が穿たれ、神秘的な光が差し込む。外周の回廊空間がどのように機能していたかは不明であるが、教会本体に梁の受けがないことからさらに外側に別の建物を想定するほうが自然であるとも考えられると同時に、周囲には巡礼者介護院としての病院があったのではないかとする説もある。外周柱には柱頭彫刻が施されているが、残された柱頭はライオンや植物の彫刻がほとんどであり、14本の柱の半分はかなり傷みが激しい。付属の管理小屋で巡礼の記念印がもらえる。

アクセス…………パンプローナ[4]よりN111をエステーヤ方面へ約25km。Puente la Reinaの手前でNA6010に左折約2km。

Map ► p.6-7 route 1-⑦

San Pedro de la Rua

サン・ペドロ・デ・ラ・ルア教会（エステーヤ）

エステーヤは巡礼路によって栄えた、川のほとりの美しい町で、起伏にとんだ地形を最大限に生かした二つの教会と王宮が見どころである。この教会は急勾配を一気に上りきる印象的な階段からアプローチするロマネスク後期の教会。ロマネスクの構造に多くのゴシック期の装飾が施されている。最大の見ものは1521年の天災で半分を失った回廊部分である。後陣方向から教会に沿ってキリストの生涯、聖人の受難が描かれ、9本目がこの教会の祀る聖ペテロである。もう一辺には植物や想像上の動物などが描かれている。中央にのみ捩れた4本のコラムがあるのは近辺の教会にも例を見ることができる。

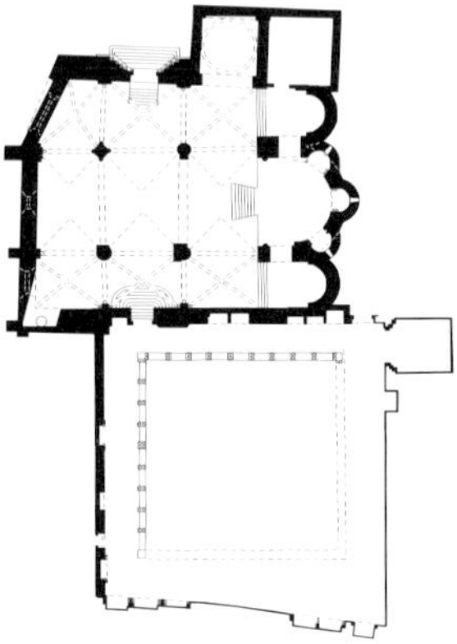

アクセス…………パンプローナ[4]よりN111をエステーヤ方面へ一本道約50km。このあたりでは大きな町。ホテルも数軒ある。

San Miguel

サン•ミゲル教会(エステーヤ)

サン・ミゲル教会も多くのゴシック時代の改造が入っており、ロマネスク教会としての見どころは北側門の彫刻である。中央タンパンにキリストと4聖人、5重のアーキヴォルトアーチの両側にはさらに聖人たちの彫刻が並び、左側下段右端がこの教会に祀られる聖ミカエルである。

Santo Sepulcro

聖墳墓教会（トッレス・デル・リオ）

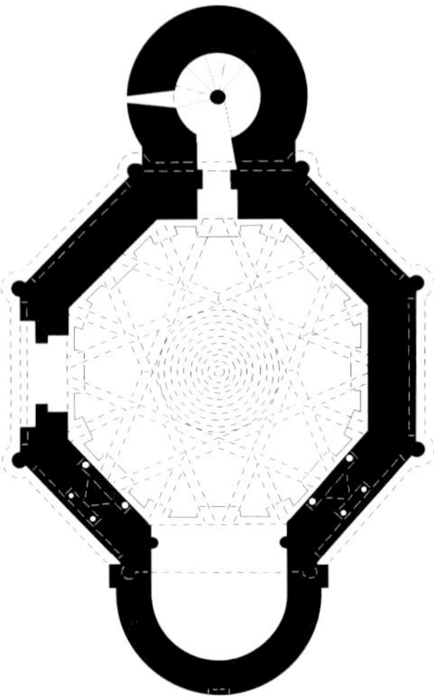

1100年のイラーチェへの献金をもとに建設されたとされているが、その事実よりかなり後になって建設されたことがわかっており、12世紀の終わりごろから13世紀のはじめまでの間に建設されたのではないかと考えられている。

エウナーテと同じ8角形の中央部分に、西と東に円形の平面をもつ内陣と階段室を配する造形的に明快な構成をもつ教会で、聖墳墓教会という名前からエルサレムの教会を強くイメージしていることがわかる。全体に開口部は少なく、上部に穿たれているために上昇感を演出することに成功しているが、アルマサンのような対角に渡されるリブの間に開口部はなく、閉じた硬さの力強さを見せている。

このドームの形式がどのように成立したのかは明らかではないが、エウナーテとの関係は当然考えられるし、巡礼路にあるフランスのオピタル・サンブレーズやオロロンのサント・クロワとは間違いなく互いに影響関係があると思われる。距離は離れているがリブの力強さに類似性のあるアルマサンのサン・ミゲルとの類似性を考えると、コルドバ方向に向かってモサラベの流れを受けているとも考えられるのである。

アクセス…………エステーヤよりN111で約30km。町の高台にある。

Iglesia de San Juan

サン・ファン教会（サン・ファン・デ・オルテガ）

創立は1080年ころとされるが、巡礼が盛んになるなかで往来を狙った襲撃や事件が多く発生し、病院や教会がこの地に作られたことがその起源である。その後1138年にはこの地の重要性からローマ教皇の直轄地となり、その名声は一挙に高まった。1152年ころから増築や改造がさらに始まり15世紀の身廊の拡大とファサードの改造で現在の規模が完成した。

なんといっても特別の見ものは、年に2回訪れる、受胎告知を描いた柱頭に自然光が当たる神秘的な機会である。3月21日近辺と9月22日近辺にこの地に行くことができるのであれば、夕方5時ごろに訪れてみると、この不思議な光景に出会うことができるだろう。

巡礼地の要衝として、休憩所や避難所があって巡礼情緒が感じられる場所であり、売店なども完備している。

アクセス…………ブルゴス［1］よりN120をLogroño方面へ約18km。Zalduendoの先を左折（指示有り）約4km。

San Martín

サン・マルティン教会（フロミスタ）

1066年に建設された修道院に起源をもつ。創建当初からほぼ現在と同じ姿をもっていたと思われるが、近代に荒廃し1900年ころの徹底的な修復を経て現在に至っている。大々的な修復によって内外ともに美しいオリジナルを見ることができる。内部空間は典型的なバシリカ形式で極めて完成度が高い。外部は円筒の鐘楼が2本対称に正面両側をおさえ、8角形のドームをいただくという幾何学的で美しいヴォリューム構成をもっている。50箇所に及ぶ柱頭彫刻は多くのレプリカを含んでいるが、全体に象徴的な図像がちりばめられ、ライオンや想像上の動物、旧約聖書の場面などが描かれている。盛期スペイン・ロマネスク教会の金字塔であり、必見。

アクセス…………ブルゴス[3]よりN120をレオン方面へ約60km。OsornoでN611に乗り換え約20km。

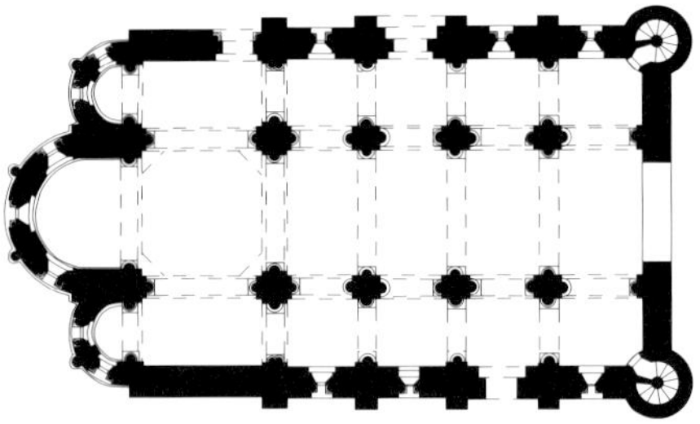

Iglesia de Santiago

サンチヤゴ教会（カリオン・デ・ロス・コンデス）

12世紀末に建設された教会であるが、19世紀の火事でそのほとんどを焼失している。ここでの見どころは正面アーチとその上部にある、スペイン・ロマネスク彫刻の最高傑作の一つとみなされる作品である。中央に位置するのは、万物創造者と称され驚くべき生々しい描写力で描かれた威厳に満ちた人物であり、左右に同じ描写力で一連の人物が描かれる。アーキヴォルトにはさまざまな職能の人物が民俗的なタッチの彫刻で描かれている。

カリオン・デ・ロス・コンデスにはロマネスク建築としてやはり入り口アーチ部分に彫刻をもつサンタ・マリア・デ・ラス・ヴィクトリアス教会と、ホテルに改装されたサン・ゾイロ修道院がある。ここを宿泊地とするのも巡礼の核心部にあって合理的である。

アクセス…………ブルゴス[3]よりN120をレオン方面へ約85km。

San Miguel de Escalada

サン・ミゲル・デ・エスカラーダ教会（サン・ミゲル・デ・エスカラーダ）

レオンから畑以外何もない起伏の多い丘陵地を突き抜けてゆくと耕地の真っ只中にぽつりとサン・ミゲル教会が現れる。現存するモサラベ教会建築で最もよく特徴を残す例として知られる。起源は西ゴートにまで遡ってプレロマネスクを原型とし、後にモサラベの様式をまとうこととなる。南ポルティコは10世紀に追加され、後陣の付属屋・塔部分は12世紀のものである。繊細な馬蹄形アーチの連続が1室を3廊に分け、トランセプト部を区画する3連アーチがさらに細く空間を分割する。少ない装飾的要素のなかで、柱頭と鐘楼入り口のアーチ部に彫刻が見られるが、主に植物と思われるものと抽象的なモチーフであることもプレロマネスクやイスラムを感じさせるものとなっている。

アクセス…………レオン[2]よりN601で約15km。Villasabariegoの先約5kmを左折（指示有り） 12km。少々わかりづらい。

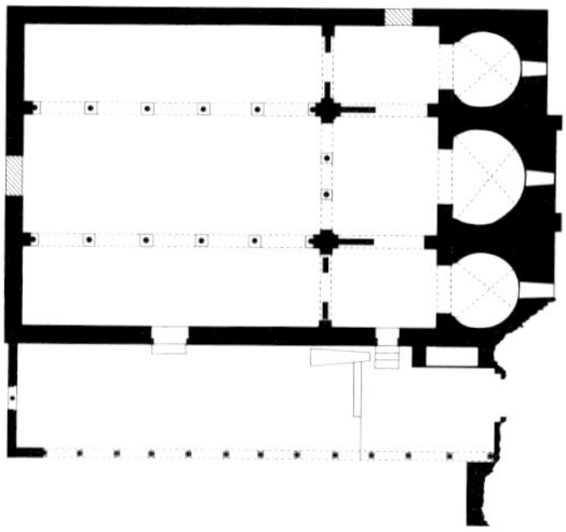

Iglesia de Santiago

サンチャゴ教会（ビリャフランカ・デル・ビエルソ）

巡礼によって栄えた町で、教会は1186年の建設とされているが、ファサードは後世の改造を受けている。内外ともにシンプルな構成で、1身廊がそのまま半円の内陣につながる形態をとる。北側門は「赦しの門」と呼ばれ、4重のアーキヴォルトの外周に12使徒の彫刻と思われる人物彫刻が配される。柱頭彫刻には十字架礫や三王来朝などの場面が描かれている。山間の交通の要衝にあって、単純ながら力強いヴォリュームは、巡礼のシンボルとして自然の風景のなかに力強く見えていたに違いない。

アクセス…………レオン[4]よりN120をLugo方面へ約150km。教会は町のはずれにある。

Real Colegiata de San Isidoro

サン・イシドロ王立僧会教会（レオン）

レオンはカスティーリャ王国の首都として栄えた都市であり、その中心的な宗教施設がサン・イシドロである。スペインに残る最高の壁画を擁するロマネスク美術の象徴的な教会である。9世紀には洗礼者ヨハネを奉る教会の存在が確認されているが、現在の施設はフェルナンド1世によって新たなるローマの再現を狙って王立パンテオンの建造という形で1063年に建造が開始された。ロマネスク教会としての工事は既存のフェルナンドとサンチャゴ教会の改造工事を含め3期に分けられ、1149年には一応の完成をみた。

王立パンテオンは2列の3連アーチに聖書の物語や動物の柱頭彫刻を描き、天井には修復の手が一部入ってはいるが、素晴らしい状態で残るフレスコ画が完全な形でキリストの一生を描いている。聖堂は3身廊で6スパン、交叉部が大きく横切り、内陣へと連なる。南側には二つの門が設けられ、それぞれ小羊の門と赦しの門と呼ばれる。小羊の門が先に建設され、ビザンチン風のタンパン彫刻と左右の大きな人物彫刻が特徴的であるが、これはサン・イシドロとサン・ビセンテとされ、フェルナンド1世のためにアビラから贈られたものである。交叉部の出口として壁面を改造したのが赦しの門であり、半円を強調した非常にシンプルな構成を見せている。タンパン彫刻は三つの聖書の物語を描き、両側の人物は聖ペテロと聖パウロである。

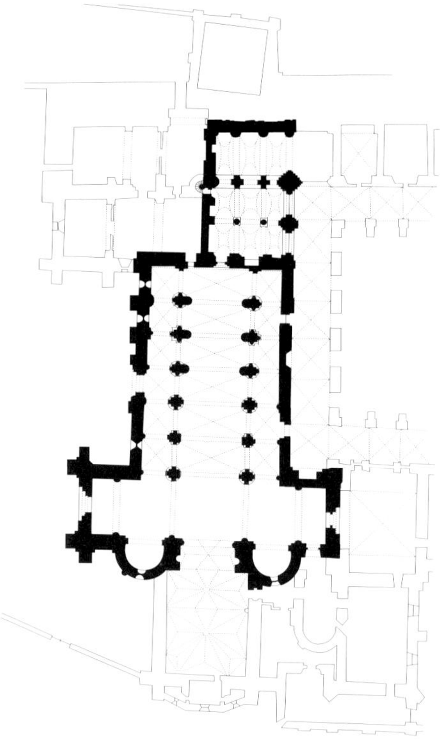

併設の博物館も必見である。またパラドールと同じ建物にある旧サン・マルコス修道院のレオン美術館もパラドールに宿泊するならば同時に見ておきたい。

アクセス…………レオンの町の中心部にある。カテドラルの近く。

Iglesia de Santiago

サンチャゴ教会(バルバデロ)

サリアから3キロほどポルトマリン方向に入ったところにある村はずれの教会。巡礼の道程にあって救護院の役割を果たしていた小教会であり、男女両方の修道院をもっていたとされている。現在の教会は12世紀後半の建設と考えられている。ファサードコーナーに鐘楼をもち、その彫塑的な連続感は控え壁で表現され、彫りの深い2重のアーキヴォルトがそれを力強く支える。タンパンは内外ともに象徴的でシンプルなエレメントを配するのみで、聖書に関連する彫刻がないのも特徴といえる。

アクセス…………Lugo[2]よりC546でSarríaをめざし、Sarría市内でC535に乗り換える。約3km走って左折約1km。指示がないのでわかりづらい。ただし、巡礼路沿いにある。

Iglesia de San Salvador

サン・サルバドール教会（ビリャル・デ・ドナス）

1184年に建設されたと考えられているが、おそらく当初は女子修道院であって、現在の建築は13世紀のはじめころのものとされる。入り口前にナルテックス状のポルティコを設けていることが特徴。ラテン十字の身廊のみの単純な構成で、それに比して内陣はロマネスクらしいシンプルで明るい意匠構成であり、より高さを感じる身廊の上昇感に寄与している。ここの壁画はゴシックである。柱頭彫刻は主に植物で、簡素で控えめな表現であり、主に門のアーキヴォルトが豊かな意匠を見せるのみである。

アクセス…………Lugo[3]よりN540をOrense方面へ約20km、N547に乗り換えて約12km。村への指示を右折約2km。

Iglesia de San Juan o de San Nicolás

サン・ファンあるいはサン・ニコラス教会(ポルトマリン)

巡礼路と交錯して流れるベレサール川と丘陵の作りだす美しい景観のなかにある城砦のような教会。現在の立地はもともとダム湖の下にあった教会を近くの丘に移設した結果であり、1966年に再奉献された。ダム湖の水位が下がった時にはかつての巡礼路を見ることができる。

11世紀末に建設指示の記録があり、12世紀の作品と思われるが、レオンのアルフォンソ11世の受け取り記録から完成は13世紀の初頭と考えられている。要塞のような意匠構成は、さらに後世のものと考えられる。

プロポーションの美しい単純なヴォリュームに深く刻まれたアーキヴォルトアーチと薔薇窓が印象的で、彫刻はサンチャゴ・デ・コンポステーラの彫刻家が参加した、あるいはルーゴの彫刻家が関わったなど諸説がある。特に正面の彫刻は深く彫られた独特の表現をもっている。内部は両側からの高窓採光で上昇感のある明るいシンプルなヴォリュームと、それにからむ内陣の美しい半円アーチが印象的。

アクセス…………Lugo[3]よりN540をOrense方面へ約25km、C535を左折して約12km。町の中心の高台にある。

Catedral de Santiago

サンチャゴ大聖堂（サンチャゴ・デ・コンポステーラ）

814年に司教テオドミーロによってサンチャゴ（聖ヤコブ）の墓が発見されたことから、ここに小さな教会が建設された。899年に拡大再建された教会は西ゴート風でモサラベの意匠の入ったものであったとされる。997年にアルマンソルによって作られたカテドラルは使徒の墓を強く意識したものとなったが、このときのタンパン彫刻は現在の教会の翼廊の南側壁に移設されて残っている。またこのときの柱の彫刻にあった3人の使徒のうち二つがマドリッドの考古学博物館に展示されている。現在の建築はアルフォンソ4世の1077年の建設決定に基づいて3期に分けられて建設された。基礎を11世紀の終わりに、12世紀のはじめが第2期で、12世紀の終わりのマテオによる建設が第3期とされる。このときの詳細はアイメリク・ピコーの残した「Codex Calixtinus」に詳しい。第1期は中断を余儀なくされながらも伯爵秘書でアルフォンソ4世の娘婿のヘルミレスによって進められ、主に東側後陣内陣の工事が行われた。この期間、一時パンプローナの大聖堂を手がけたエステバンが関わったのではないかという説がある。

第2期もヘルミレスによって始められ、最も重要な部分の建設が進んだ。1105年には交叉部まで進んで礼拝室の奉献が行われ、引き続き教会の中央に残っていたサン・ペドロ教会の取り壊しが進められた。1117年の火事を受ける受難の後の1124年にファサードを除くすべての工事を終えた。このころクリュニーの改革が進みキリスト教組織にも変動が始まっていたが、ガリシア伯爵、アストゥリアス王の政治的な保護を受けながらトレドを抜いてローマとその栄光を競うほどにまで認められる存在となった。第3期は1168年にすでに中庭に一度参加していたマテオに依頼することで始まった。栄光のポルティコはこのとき完成し1211年に竣工したとされている。ゴシックの部分は本来中庭のあった部分をそのまま改造したものであり、バロックのファサードと鐘楼部分は、ペーニャ・デ・トーロによって1667年ころに建設されている。

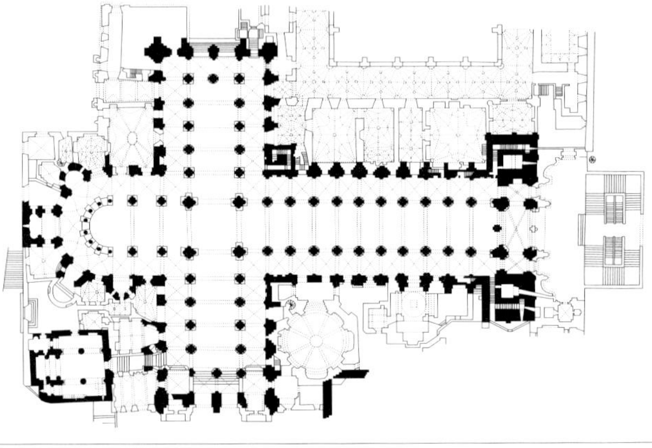

オブラドイロ広場からの大聖堂は威容を誇る。緩やかに上る広場はファサードの大きさをより強調し、基壇と鐘楼のプロポーションもよく、こうした演出はバロックの真骨頂であろう。

17世紀の階段を昇り門をくぐるとマテオ作の栄光のポルティコに面する。当時、12世紀終わりの時点ですでにローマへの道よりはサンチャゴへの道を選んでいた巡礼者たちにとって、この偉大なる門が必要だったのである。下に設けた地面レヴェルのクリプトも同時に計画されているから、このレヴェルに導入する計画はこのときから成立していたのである。中央タンパンにはキリストを中心として使徒たちが取り囲み、上部アーチに黙示録の24老人を配し、中央柱にサンチャゴすなわち聖ヤコブを計画している。柱頭下はすべて12使徒が配置されている。非常に写実的な作品群であり、驚くべき密度で巡礼の終点を象徴する記念碑的作品である。

典型的3廊式の大会堂で半円ヴォールト半円アーチなどでロマネスク建築のなかでも、威厳と美しい光の演出に成功している。

南門はプラテリアスの門と呼ばれ、二つのタンパンは1112年の先行する教会を解体する際に製作されたと考えられているが、北門と西門のタンパンとして使われていたものをネオクラシックに改造したとき、栄光の門を製作するときにそれぞれ取り外され、ここに新たに設置されたものである。これもロマネスク彫刻の傑作である。

背後のキンターナ広場に面する後陣にある門は聖なる門（プエルタ・サンタ）と呼ばれ、特定の祝日にのみ開かれる。北に隣接するヘルミレス宮殿は建設に尽力し聖職者になったヘルミレスの館であり、12世紀の建築からさまざまな改造を受けてはいるが、ロマネスク期の貴重な民間建築ということができる。是非拝観したい。

広場に面して教会右側の建物が旧病院であるパラドールだ。ここに宿泊すれば広場まで車で入ることができる。可能であれば是非ここに宿泊したい。町は巡礼の最終地点としての雰囲気をもった中世都市である。町自体もゆっくり散策したい。

アクセス…………町の中心で、一番はなやいだ雰囲気の場所にある。ホテル・レストラン多数有り。

海の巡礼路はバスク地方から始まり、カンタブリア、アストゥリアス、ガリシアへと進む。ここで紹介する教会は、海から山へと同時にカスティーリャ・イ・レオンにも一時入りながら、サンチャゴ・デ・コンポステーラをめざす道にあるものを対象にしている。

沿岸地域には多くの文化が交錯した痕跡が残っている。ローマ時代、西ゴート、イスラム教と、そのなかから独自の地域性が醸成された。

バスクからブルゴスに下る山中に散在する珠玉の小教会は特殊な立地や条件によってさまざまな魅力を見せている。厳しく美しい大自然との関わりが教会自体の魅力ともなっている。

サンティリャーナ・デル・マールからブルゴス方面の南に下りカンポーまでの地域には紹介しきれないほど数多くの魅力的な小教会が散在する。ファサードの壁厚をそのまま立ち上げて鐘楼を構成する、瀟洒で印象的なシンボルをもち、単純で美しい半円の後陣をもつ単廊

route ②

El Camino de

海の道

式のタイポロジーを基本にしているものが多く、存在感のあるピクチャレスクな表現を獲得している。

アストゥリアスはイスラム教徒の手に落ちなかった唯一の地方であり、プレロマネスクの独特の表現を残す稀有な地域である。ローマの遺構が顕著な地域にビザンチン、西ゴート、ケルト、そしてイスラムなどが影響を残しながらこの地固有の教会を生み出した。シンプルなヴォリュームで、分厚い構造壁による幾何学的な構成の追及によって硬質な独特の美を獲得している。

ガリシア北部には、ケルトやゲルマンの痕跡を強く感じる硬質で力強い意匠構成の教会が多い。花崗岩を主体とする地域性もその傾向を強めているように思われるが、建築構成としては前述のアストゥリアスのプレロマネスクの影響も感じられる。ファサードを3分割するバットレスを配する構成をもつ教会が多く存在するのも特徴的で、要塞のような力強い表現を見せている。

サンタ・フリアーナ僧会教会

Colegiata de Santa Juliana

サンタ•フリアーナ僧会教会（サンティリャーナ•デル•マール）

サンティリャーナの名前はサンタ・フリアーナが詰まって変形したものである。10世紀には町に修道院があったという記録が残っており、11世紀の後半にサント・オーギュスト派の僧会教会に変更されてその規模を飛躍的に拡大した。現在に残る教会は12世紀から13世紀のはじめまでに建設された部分を中心としている。

町の中心にあって、入り組んだヴォリュームといくつかの美しいエレメントの存在感や、緩く変化する地形に合わせて南門の前に用意された広場と階段による変化にとんだ空間は、町の構成と一体になって美しい調和を見せている。上にギャラリーをめぐらす印象的な南門は後世の手が入っており、ニッチのなかには当初よりのサンタ・フリアーナが収められている。内部は変形した3身廊4スパンの教会で、柱頭彫刻は63本のオリジナルが残り、いずれも多くの巡礼者を魅了したに違いない質をもっている。いずれもアダムとイヴやサン・ジョルディのドラゴン退治などわかりやすい主題が中心となる。中庭は東側以外の3列がオリジナルである。どの柱頭彫刻も2本のコラムや4本のコラムが束ねられて4角いヴォリュームに合流し、複雑な植物模様に動物が取り込まれていたり、万物創造者、ライオンとダニエルなどの明快なテーマなどもあって、ここでも一つ一つが鑑賞に値する質をもっている。壁面には万物創造者の両脇に聖母とサンタ・フリアーナが描かれているので、これも見落とさないようにしたい。

町自体が中世の容貌を良く残し、町全体の散策にも十分な時間を費やしたいが、さらに アルタミラの洞窟（拝観にはほとんど1年以上前の予約が必要）やその博物館なども町のはずれにあるので、是非周辺を訪れてほしい町である。

アクセス…………ブルゴス[1]よりN623でTorrelavegaまで行き、N634、C6316を乗り継ぎ約20km。教会は町の中心にある。

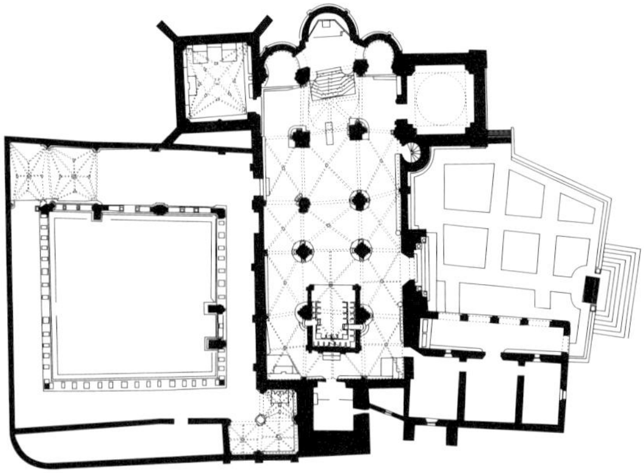

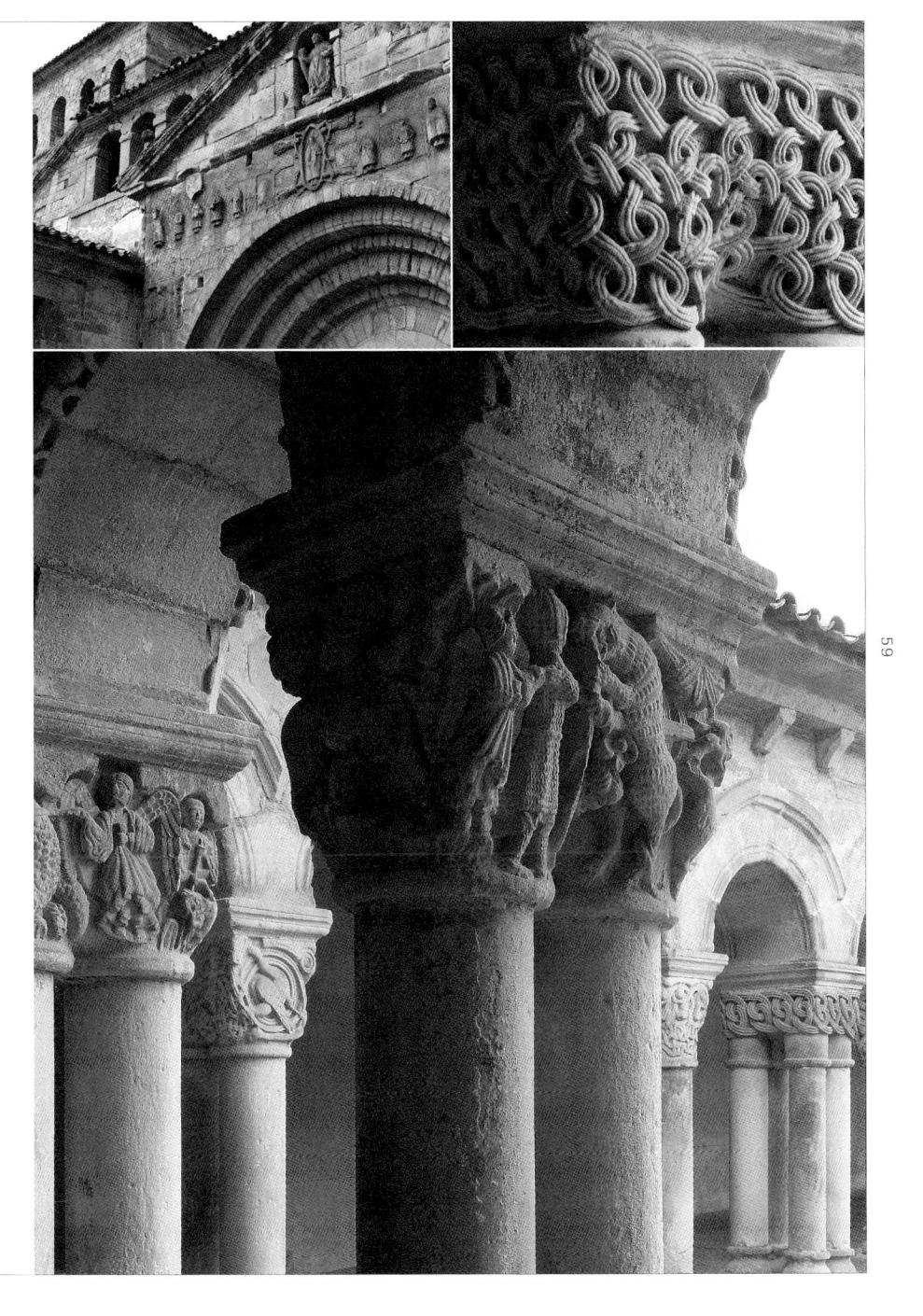

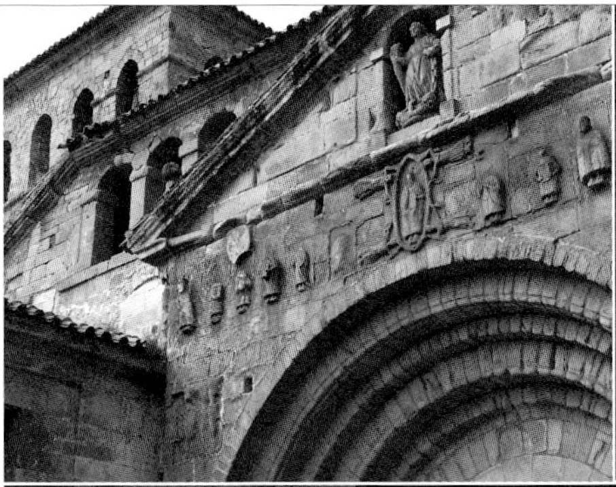

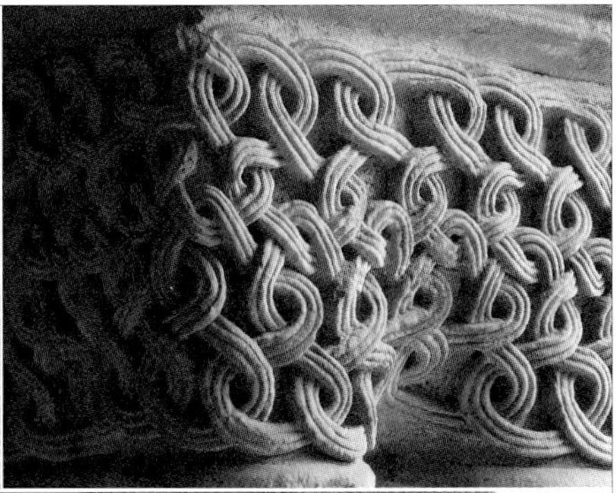

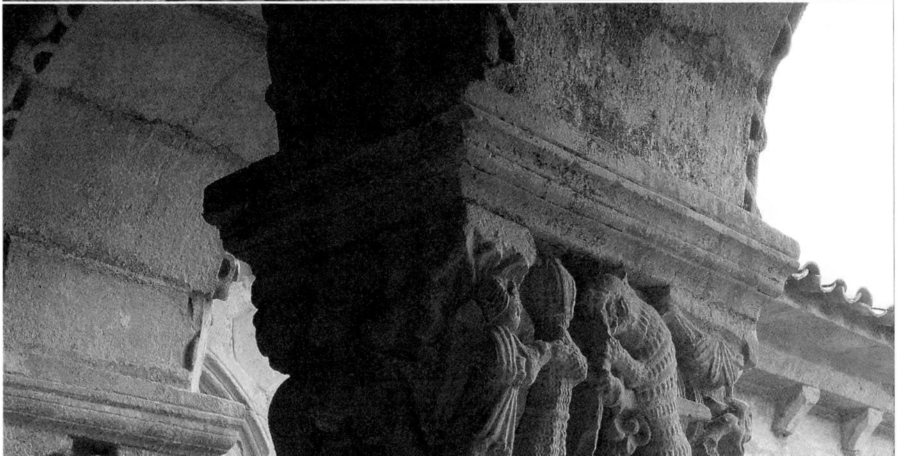

San Lorenzo

サン・ロレンソ教会（バリェーホ・デ・メーナ）

騎士団長の献金によって建設された3スパンの単一ヴォリュームによる形式の教会で、身廊がそのまま後陣につながり、内部は大きく単純な一部屋の空間である。後陣は8角形で分節化する柱とロンバルド帯が特徴的な印象を与える。南北と西入り口には彫刻があり、特に西側門とタンパンでは帆立貝をつけた聖人や、旧約聖書の情景が描かれた彫刻があり目を引く。内部の彫刻も独特のシンボリックなモチーフの柱頭彫刻が多い。特に想像上の動物やセイレーンの彫刻などがさまざまな物語を語りかけてくる。

アクセス…………ブルゴス[1]よりN623、BU629、N232、C232、C629、C6318を乗り継ぎ、Villasana de Menaの町で右折（指示有り）。

Iglesia de San Pantaleón

サン・パンタレオン教会(サン・パンタレオン・デ・ロサ)

絶壁の上に建つ他に類をみないロケーションの教会。巨大な岸壁の上にわずかに見える教会を確認すると、聖なる丘に建つ崇高なる存在をも感じる。丘を回りこむと大草原の先に小さな1スパンの教会を発見できる。ギリシャの聖人を祀る教会であるが、12世紀から建設され1207年に奉献されたことしかわかっていない。ほとんどの部分はそのころのものとされているが、北側にはゴシック時代の改造が加わっている。

正面には門の左右に彫刻が残っているが、柱長の人物彫刻と大きなジグザグ、柱頭に人物が描かれているのみで、詳細は不明である。内部も地面の傾斜に合わせて強い傾斜をもっていて、天への道を象徴しているかのような空間である。

丘に上がるのはかなりの労力を要するが、まさに天国への階段を上がるような象徴的な空間である。是非頂上まで訪れてみたい。崖地なので安全には十分留意されたい。

アクセス…………ブルゴス[1]よりN1をVitoria方面へ約40km。BriviescaでBU510に乗り換え約20km、CornudillaでN232に乗り換えて約13km走る。そこでN629に乗り換え約7km、再びBU550に乗り換え約20km。左前方の岩山の上に小さな教会が見えてくる。

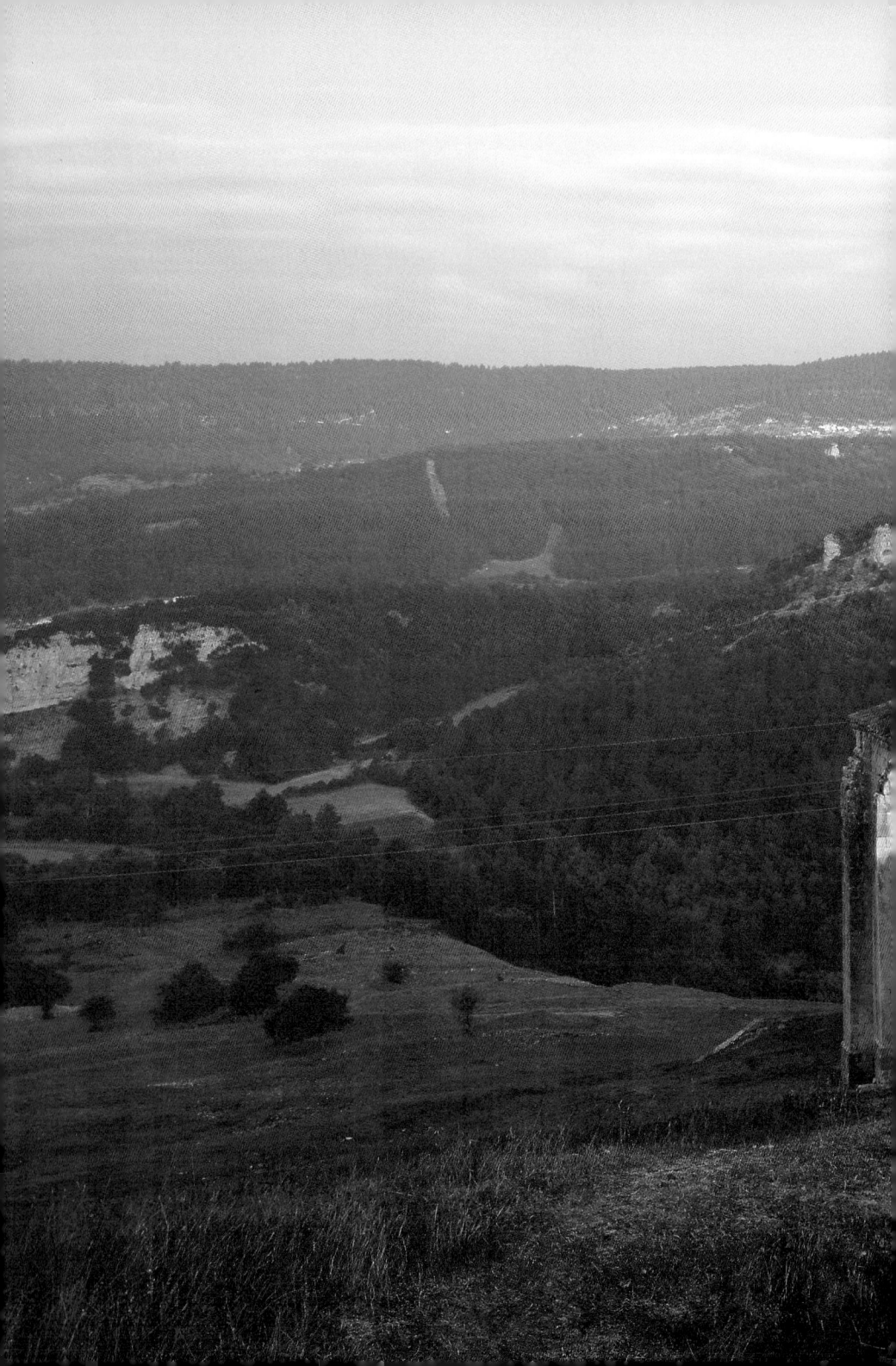

Iglesia de San Pedro

サン・ペドロ教会（サン・ペドロ・デ・テハーダ）

ブルゴス地区にあって最も美しい教会の一つ。

国道からプエンテ・アレーナス村へと橋を渡り、村はずれの草原に向かうと、山を背景にした緑の斜面に小さいがバランスよくヴォリュームの組み合ったテハーダ教会が現れる。

本来9世紀を起源とする大きな規模の修道院であったがレコンキスタ（失地回復）の動きのなかで破壊や再建を繰り返し、現在の教会は12世紀初頭の建築である。ビエルソ谷一帯に見られるタイポロジーの平面計画をとり、2スパンのシンプルな形状をとるが、全体のハーモニーの美しい教会として著名である。身廊、鐘楼、階段室、西正面門の単純な組み合わせが象徴的な表現を獲得しており、正面ファサードは門をヴォリュームとして重ね合わせ、持ち送りやアーキヴォルト上の彫刻がユーモラスなプロポーションで12使徒やキリスト、動物などを表現している。

アクセス…………ブルゴス[1]よりN623をSantander方面へ約100km、N232に乗り換え約40km。Valdenocedoで左折（指示有り）約2km。左折の指示がわかりづらい。

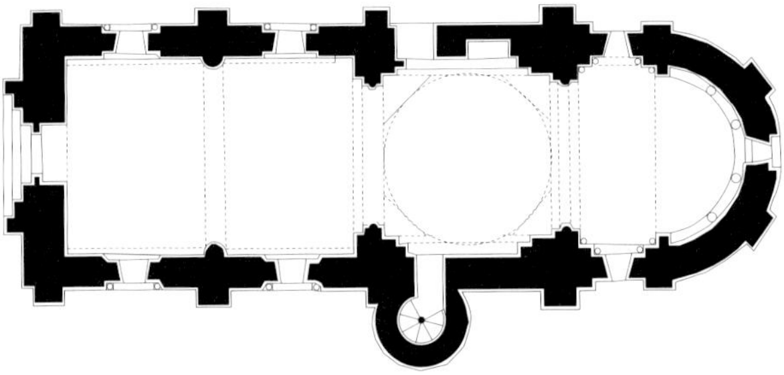

Colegiata de San Pedro

サン・ペドロ僧会教会（セルバトス）

10世紀末に教会の存在が知られているが、現存する教会は1129年に完成したことが記録に残されている。3スパンの標準的な教会だがポルティコなどはなく、半円形の内陣と西正面のマッシヴな鐘楼が対極に位置し、斜面に鳥が降り立って羽を伸ばすようなダイナミックな外観を見せている。後陣外部の窓飾りには互いに陰部を見せる男女の柱頭彫刻があって、当時の民俗的な人間賛歌を見てとることができる。内部は内陣以外ゴシック期の改造を経ている。教区教会として機能しているが、平日は鍵を隣接民家に借りなければ内部は拝観できない。

アクセス…………ブルゴス[1]よりN623、N627を乗り継ぎ、Aguilar de CampooでN611に乗り換え、Santander方面に約25km。

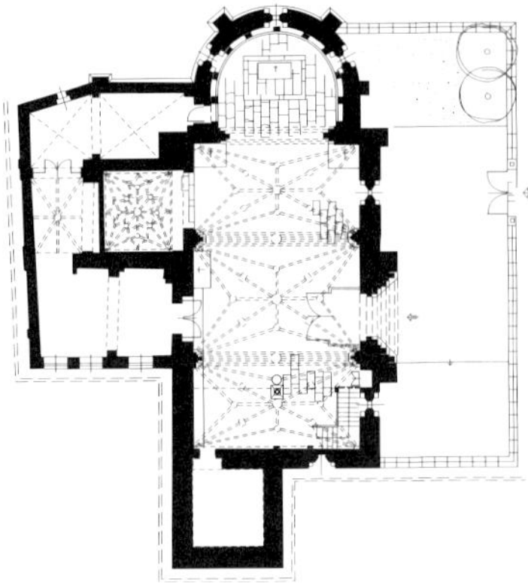

Parroquial

教区教会（ロボリェード・デ・ラ・トッレ）

町の末端にあって南側の空地からアプローチするために、南のギャラリーが完全にファサードとして機能している。建設は南ギャラリーがオリジナルで最も古く、それ以外の部分は後世の再建によるものである。ギャラリーのアーチ裏側壁に刻まれている銘文によると、「ドミンゴ修道院長が兄弟であるペラーヨとともにこの地に建設したのは1224年であり、ゴンザーロ・ペレスの土地に12月22日に建設し、門はピアスカのマエストロ、ファンによって作られた」とある。これによって実際には1186年の創建であることが知られているが、銘文によって作者や年代が明快になり、他の教会の分析をする上でも貴重な資料を与えてくれているのである。

南のギャラリーは、シンプルなアーチの構成で3・4・1・3のリズムで構成される。見どころはもちろん柱頭彫刻である。ピアスカのファンなる人物によるこの彫刻は、非常にデリケートな表現が特徴で、はっきりとしたヴォリュームと繊細な浅彫りが見事な調和を見せ、おそらくモアルヴェスの柱頭彫刻と同じ作者ではないかと考えられる。特にサムソンの彫刻が有名であるが、それ以外の動物や植物、聖人と悪魔などもそれぞれ見どころがあるのでじっくり鑑賞されたい。

アクセス…………ブルゴス[3]よりN120、N611を乗り継ぎ約100km。Villelaの指示を右折約5.5km。

San Pedro

サン・ペドロ教会（モアルベス・デ・オヘーダ）

11世紀に建設された教会であるが、南側門部分以外はゴシック期に改造されたものである。

道の脇にひっそりと建つ小さな教会だが、この南門を見るだけでこの地を訪れる価値がある。カリオン・デ・ロス・コンデスの彫刻と双璧であるこの南門の彫刻の作者はおそらく互いに影響関係にあると思われるが、全体を一人の手でまとめ、その質はきわめて高いものがある。中央に万物創造者として扱われるキリストを配し、両側に6人ずつ12使徒を描いている。ニッチの中に入ったかのような12人の人物はそれぞれ親しみのもてる表情をもって、エルサレムへの道の入り口に迎え入れるかのようである。

アーキヴォルトはシンプルであるが、柱頭部分には浅彫りの彫刻が施され、軍人や舞踏する人、音楽を奏でる人、サムソンとライオンなどが描かれている。

アクセス…………ブルゴス[3]よりN120、N611を乗り継ぎ約80km。Herrera de PisuergaでC627に乗り換え約12km。街道沿い。

Map ▶ p.6-7 route 2-⑧

Santa María

サンタ・マリア教会（ピアスカ）

数軒しかない山間の集落にひっそりと建つ教会。9世紀から修道院が存在していたことは知られているが、尼僧院と僧院が何度か入れ替わっており、その間に献金を数多く獲得している。1152年にアルフォンソ7世の献金を受けたこと、入り口である西門を1172年にコヴァテリオなる人物が製作したことがわかっていて、最終的な建設時期はこのころであるとされている。

3廊式で身廊のみ高く尖頭式アーチで構成されており、それがそのままファサードに表現されている。内陣とファサード以外はかなり後世の改造が入っていると考えられている。西門は5重のアーキヴォルトをまわし、ほとんどを植物の彫刻で収めているが、一つのアーチだけが動物や人間の姿を描いている。上部のニッチに収まる3つの彫刻は聖ペテロ、聖パウロと新しく置き換えられたと思われる聖母である。内陣はオリジナルをよく残し、柱頭彫刻も架空の動物や、植物、聖書の3王来朝などの場面を描いている。こうした彫刻群はロボリェード・デ・ラ・トッレとの類似性が顕著で、両方ともコヴァテリオの作品ではないかとも考えられている。鍵は近隣の家が持っているので貸してもらって入ることになる。

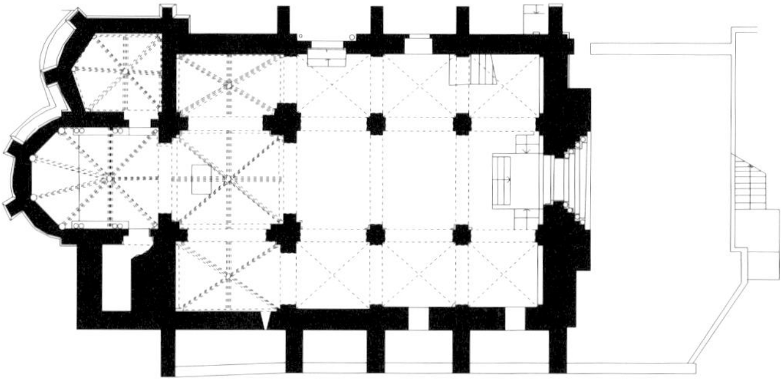

アクセス…………Santanderより A67、N634をオヴィエド方面へ約60km。PechonでN621に乗り換え、さらにOjedoでC627に乗り換え約6km行くと右折ピアスカの指示有り。山岳ルートのため、運転注意。

San Salvador de Valdediós

サン•サルバドール•デ•バルデディオス教会（バルデディオス）

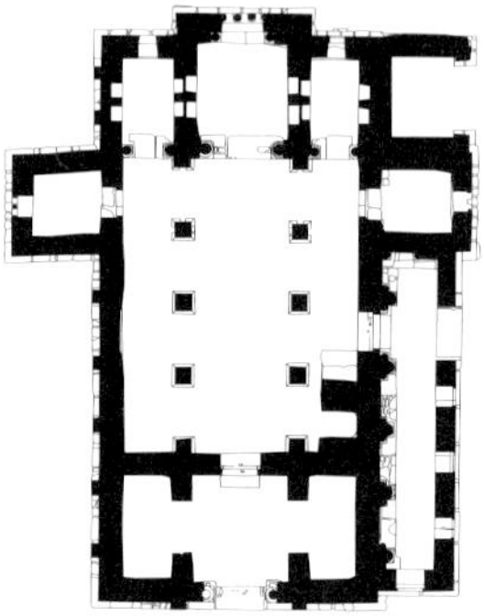

893年に7人の司教によって奉献されたために「司教の礼拝堂」と呼ばれる。後世の改造は多く行われたが、近年復元的考察に基づいて修復された。プレロマネスクの教会らしく、極めてシンプルなヴォリュームの組み合わせで、単純に身廊、側廊、南ギャラリーなどのヴォリュームを重ね合わせただけであるが、簡潔で古風な印象を与えている。ここで最も興味深いのは少ない開口部のアーチに馬蹄形の彫刻が嵌められていること、南ギャラリーがついており、その意匠構成にモサラベ装飾が入っていることである。アストゥリアスのプレロマネスク教会にアラビックな意匠が入っているのは極めて珍しく、またカスティーリャに多く見られる南のギャラリーのさきがけとも思える空間は正面性の高い教会に別の要素を追加し、過渡期のタイプを提示しているかのようである。

バルデディオスには隣接してシトー派の教会、サンタ・マリア教会がある。これもロマネスク起源の教会であり、こちらも同時に拝観したい。

Santa María de Naranco

サンタ•マリア•デ•ナランコ教会（オビエド）

ローマ時代の施設があったナランコの丘の上に848年に建設された。本来教会ではない離宮施設の一部で、ラミーロ1世によってサンタ・マリア教会とされたのは12世紀になってのことである。従って斜面に向かう展望が本来の機能であるために教会のタイポロジーとは大きく異なる。1階のクリプトと呼ばれる部分は倉庫および日常使いの空間であろうし、2階の両側のロッジアは明らかに展望を求める空間である。アーチの意匠構成はビザンチン式であり、浅彫りの彫刻は北方の西ゴート風、あるいはビザンチン風の意匠を想起させるものである。興味深いのは、全体が黄金比の幾何学で構成されているということである。平面計画、立面計画を通して正方形とその対角線の寸法関係から割り付けられており、これは実物で確認していただきたい。

アストゥリアス王国のアルフォンソ2世は美術・建築の振興に努めた人物であり、新しい建築の創造には特に力を入れたとされ、そうした活動の中から新しく現れた研究成果や創作活動の結果が、このサンタ・マリア・デ・ナランコであり、同じオビエドにあるサン・ティルソ、サン・ミゲル・デ・リーニョ、サンタ・クリスティーナ・デ・レーナである。これらのプレロマネスク教会は世界遺産として登録されている。オビエドの町を楽しみながら是非そのすべてを見ていただきたい。

アクセス…………町の北西4kmナランコ山麓にある。市内よりタクシーが便利。

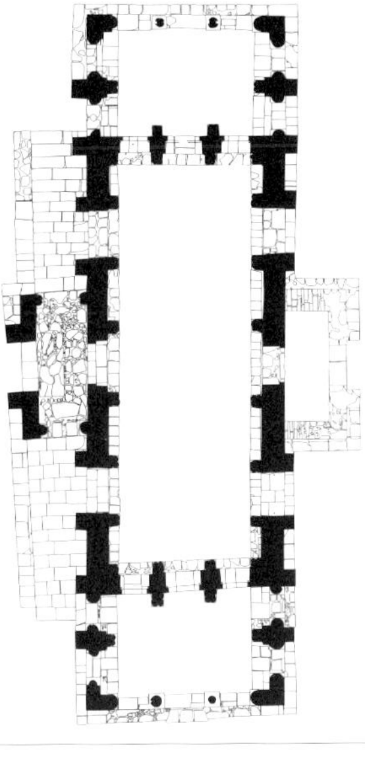

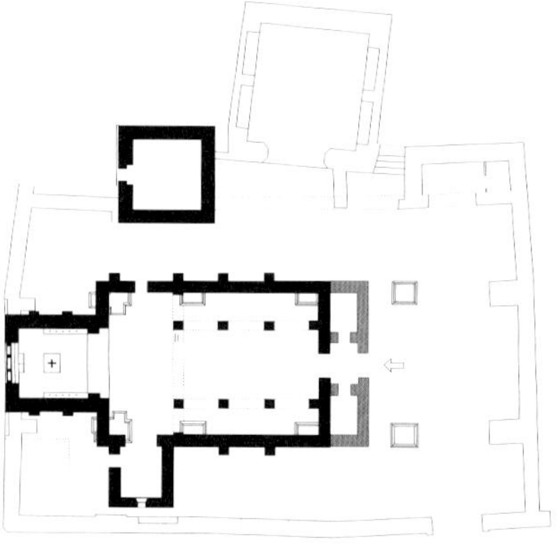

サン・ティルソ教会平面図

San Pedro

サン・ペドロ教会(テベルガ)

崖に切り通された道を山中深く入ってゆくとぽっかり明るい集落に出る。その端の小さな広場に面した地味な存在の教会。11世紀後半のプレロマネスク期の建築。正面鐘楼は18世紀に追加されたもの。外観は極めて単純な形態である上に、後世の手が入っているので内部を想像することは難しいが、幅の狭い3廊式の暗く天井の高い洞窟のような印象的空間をもつ。西正面を入り口とする、バルデディオスと似た構成をもつ典型的なアストゥリアス地方のプレロマネスク様式。不思議な内部空間の最大の見どころは柱頭彫刻である。ほとんどの柱頭は浅彫りのレリーフで、植物模様、想像上の動物、わし、馬、馬に乗る戦士など多様なモチーフで信仰の世界を演出すると同時におおらかな自然賛歌となっている。

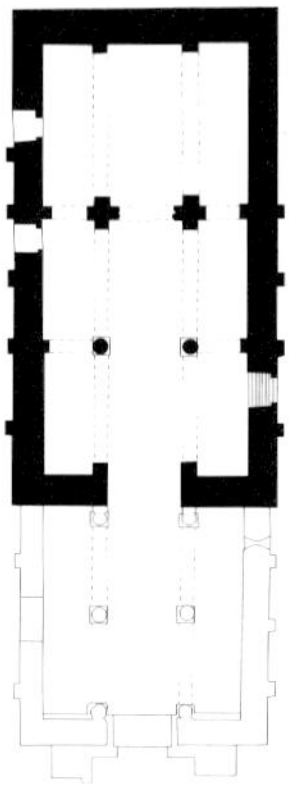

アクセス…………オビエド[3]よりN634を約12km。Sograndioの先5kmでAS228へ左折、約30kmでSan Martínに着く。教会は町の南側にある。AS228はくれぐれも運転注意。

Santa María

サンタ・マリア教会（カンブレ）

9世紀中ごろにこの地の豪族の家族教会として設立されたのを起源とするが、現在の教会はコンポステーラの教会、サン・パイオ・デ・アンテアルターレス教会の子院として942年に建設されたものを基本とする。その後の改造があったことは一部の柱に1194年の年号が刻まれていることから推測されるが、16世紀以降は略奪や火事などで多くの修道院施設を失い今日に至っている。

後陣の周回礼拝堂が意匠の最大のポイントである。外部は周辺の緑地と美しい調和を見せ、内部では豊かな空間を演出している。梁間はすべて半円アーチで構成されているから、交叉部は明らかに後世の改造と考えられるし、礼拝室の前にかかるアーチも尖頭式は後世の改造と考えられる。ファサードは改造を受けているがアーキヴォルトの動物彫刻やタンパンのキリストは保存されている。柱頭彫刻には聖母とキリスト像やカナンの結婚などがある。

アクセス…………La Coruñaの隣り町。ラ・コルーニャからであればタクシーの利用が便利。教会は町の広場に面している。

Iglesia de San Martiño

サン・マルティーニョ教会（サン・マルティーニョ・デ・モンデニェード）

ブリタニアからの移住者によって建設された最も起源の古いカテドラルで、6世紀にまで遡る。この地の教会組織内の地位は高く、特に1112年から司教を務めた司教ヌーニョ・アロンソはコンポステーラの建設発起人の一人でもあり、この時期のサン・マルティーニョの施設が現在も残る教会の起源となっている。このときカテドラルの施設は修道院として巨大なものであったが、19世紀の改革にあってそのほとんどの施設を失った。

建物はいろいろな時期にまたがって建設されているためにその時代的な解明はなされていないが、最も古いとみなされているのは南北両側の壁で10世紀に遡るとされている。この地から多くの著名な聖職者を輩出しているが、なかでも1071年から1136年までの間司教職についたゴンザーレと、前出のヌーニョ・アロンソは特に著名で、サンチャゴ・デ・コンポステーラの建設にも深く関わったとされている。現在の建築のほとんどもこの時代のものである。全体として3つの建設期に分かれるがその中心となるのが交叉部分と身廊であり、いくつかの柱頭彫刻が残っている。最も有名なのがエプロンとラザロの食事といわれる彫刻であるが、残っている柱頭彫刻は一人の手になるものであり、サンチャゴの彫刻と強い影響関係をもっていることが最も興味深いことである。壁面に唯一残る柱頭彫刻は原罪を描いているとされるものであり、これも見落とさないように。

身廊中央に石屏風が展示されているが、これも土俗的でプリミティヴな表現が一種ほのぼのとした人間的な物語を展開している貴重な資料である。

いくつかの建設時期にまたがるにもかかわらず、一体感のあるシンプルで力強い表現で統一され、初期ロマネスクの雰囲気と洗練されたロンバルディアーカタルーニャの表現を持ち合わせた稀有な教会である。

アクセス…………Lugo[4]よりNV1、N634を乗り継ぎ、Fozの手前でN642に乗り換える。N642をViveiro方面に約5km走り左折（指示有り）約3km。N642からの入り口がわかりづらい。

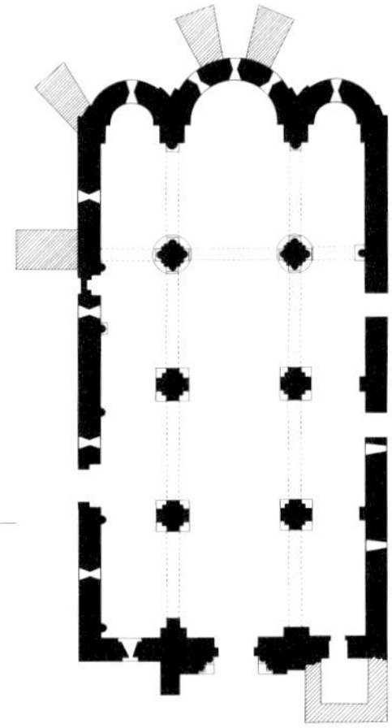

この地域の教会群に最も特徴的なことは、序文にも記した通り、一定の明快なタイポロジーをもつ教会群が広汎に存在することである。セプルベダ、ソトスアルボス、デュラトン、ロボリェード・デ・ラ・トッレ、フエンティドゥエナ、サン・エステバン・デ・ゴルマス、セゴビアの多くの教会、その他、こうした教会は南側にギャラリーをもち、3スパン程度の身廊、半円形の内陣を東側に突出する同じ平面形式をもっている。この形式はピレネーのフランス側ブール・ダモンにあるノートル・ダム・デ・スラボンヌも共有していることを考えればその分布はさらに広汎になると思われる。この形式は当然特定の使用形態から生まれたものであって、特に南側のギャラリーの意匠構成がほとんどの場合、最も手を入れられていることから、ここが使用上、空間的にも重要な部分であることがわかる。実際にどの教会を見ても、南側のポルティコは気持ちよく滞在できて人々の交流を可能にしているし、柱頭彫刻も鑑賞しやすく、アーチから見る景観もすばらしいことが多い。いわば回廊のミニチュアともいうべきものであって、このギャラリーを比較して楽しみながらカスティーリャ・イ・レオンを巡っていただきたい。

次に注目したいのは、この地域は北部に比べれば失地回復の遅れた地域であって、広範にモサラベ、ムデハルの影響を色濃く残していることである。とくにムデハル建築のレンガによる印象的なヴォリュームと陰影をもつ教会は数多く、サーグン、ラ・ルガレリ、オルメド、

route ③

Castilla y Le

カスティーリャ・イ・レオン

クェラールなどではこうした表現をとっており、傑作といってよいのはやはりサーグンの二つの教会ではないだろうか。またモサラベ教会も遺構としては数多く残っているのだが、破壊が激しく、そのほぼ完全な姿を見られるのはサン・ミゲル・デ・エスカラーダ、サン・セブリアン・デ・マゾーテ、サンチャゴ・デ・ペニャルバなどであり貴重な存在である。
興味深いのは西ゴート族の建築が、数少ないが残っており、アストゥリアスのプレロマネスクとの関係が問われることである。ここではケルト的な硬質な造形と地中海的なやわらかい造形が出会い混在するという、極めて興味深い混成が成立している。横断しあう文化交流の行く末は、確実に次の時代にさまざまに伝播しているはずである。

on

サント・ドミンゴ・デ・シロス修道院

Map ▸ p.8 route 3-①

Catedral del Salvadore

サルバドーレ大聖堂（サモラ）

サモラには数多くの美しいロマネスク教会があるがその中心的な存在。現在の礼拝堂部分は12世紀前半から建設されたものであり、中庭、鐘楼は13世紀からの建築である。3廊式4スパンのバジリカ形式をもつ。内陣礼拝室は本来半円を基調とするロマネスク形式であったものがゴシック期に改造され、中庭もロマネスク期には存在したが15世紀に焼失した。正面は本来2本の鐘楼が建築されたが後の改造で現在に至っている。数多くの改造を経ているために、本来の姿を最もよくとどめているのは「司教の門」といわれる南門と象徴的にそびえる丸屋根のみである。丸屋根は4隅をペンデンティブで迫り出し、16のアーチで構成する円筒を支え、その四方にはシリンダーのようなエレメントが追加されている。象徴的なこの丸屋根は東方のビザンチン的な表現を強く連想させるものとなっている。近郊のトーロの教会の構成もこの影響下にあったものである。市内には数多くのロマネスク教会があり、是非あわせて拝観されたい。主な教会に、シンプルな構成のなかに美しい光の演出が見られるサンタ・マリア・マグダレーナ教会、町の中心にあって特徴的な初期ロマネスク風の柱頭彫刻が見られるサンタ・マリア・ラ・ヌエヴァ教会などがある。また町の中心の広場にはルネッサンス期の邸宅を利用したパラドールがあり、滞在には絶好の条件を備えている。

アクセス…………すべての教会が町の中心に点在し、すべて徒歩圏内。マドリッドより鉄道、バスの便有り。

サンタ・マリア・デ・マグダレーナ教会

San Pedro de la Nave

サン・ペドロ・デ・ラ・ナーベ教会（サン・ペドロ・デ・ラ・ナーベ）

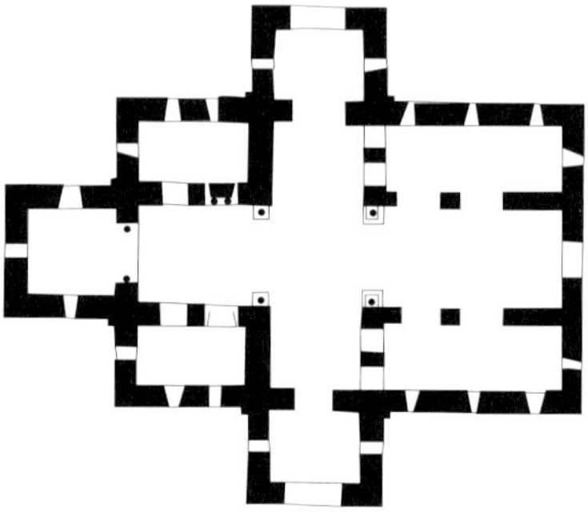

アルフォンソ3世の時代、10世紀の初めごろの建築ではないかと考えられている。ほとんど現存しない西ゴート教会として極めて貴重な存在。多くの改造を受けていたが近年復元的な考察を経て修復された。ローマ時代の基礎の上に建てられた、あるいは先行する教会の上に建てられたなど起源には諸説あるが、正確なことはわからない。

極めて簡素な石の箱であり、ラテン十字の平面計画によって成立しているが、身廊・側廊・翼廊などそれぞれの空間は独立性の強い、部屋の連続のような印象の空間である。馬蹄形やビザンチン的な要素も見えてはいるものの、装飾的な要素は基本的に極めて古い意匠の彫刻である。幾何学的な模様の薄彫りと、聖人の柱頭彫刻は非常に土俗的であり、象徴的である。こうした意匠構成の多くはアストゥリアスのプレロマネスク教会と多くの点で共通するものである。

アクセス…………サモラ[4]よりN122をBraganca方面に約12km走り、San Pedro de la Nave（指示有り）を右折約8km。

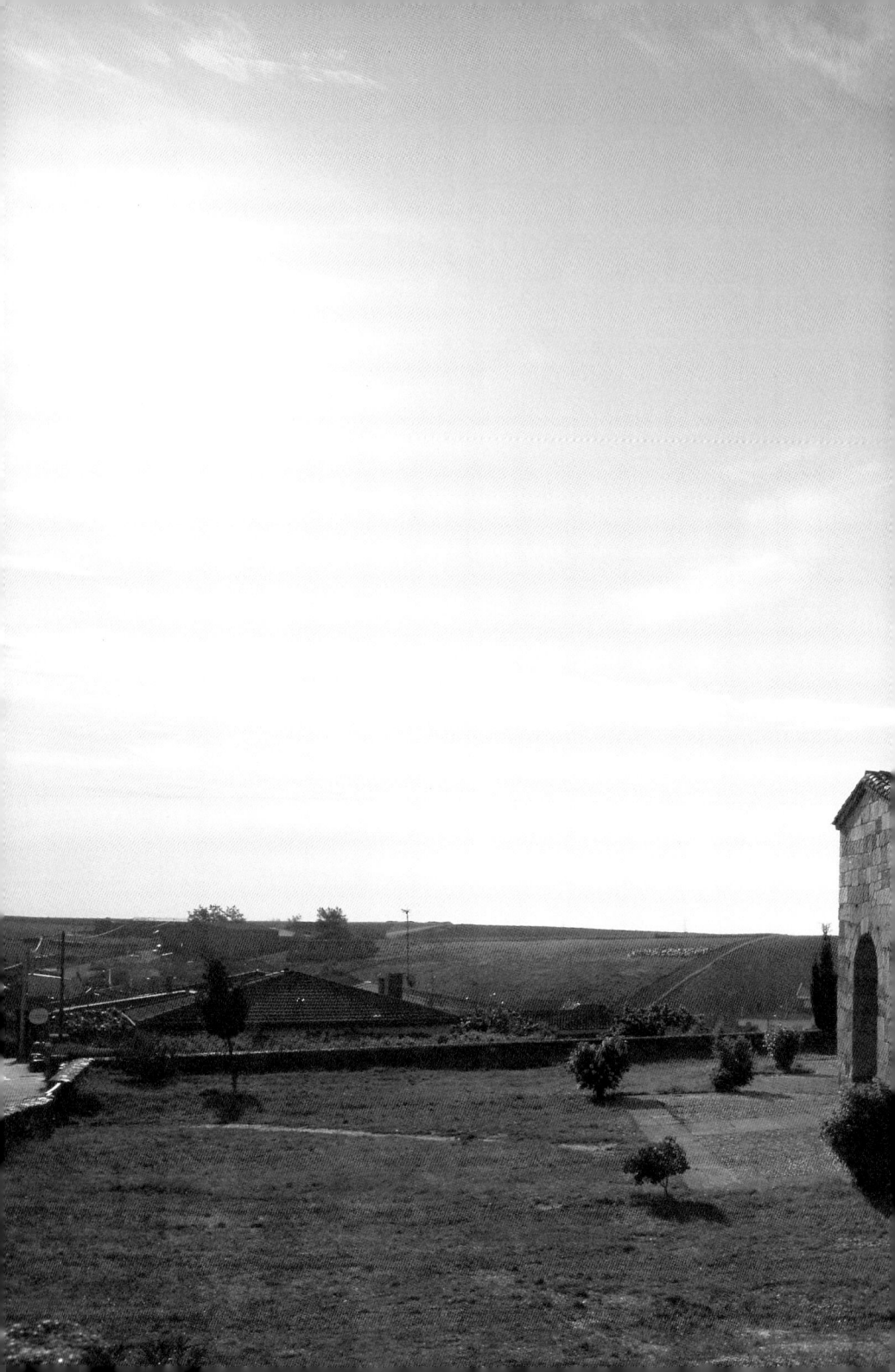

Iglesia de Santa Marta

サンタ・マルタ教会（サンタ・マルタ・デ・テーラ）

教会の建設は1077年まで遡り、アストゥリアス地方の庇護と影響を受けながら完成した。したがってその表現は典型的なアストゥリアス風の初期ロマネスク教会となっており、サン・ペドロ・デ・ラ・ナーベとともにこの地域では独特の異彩を放っている。1085年にはアルフォンソ6世に献上され、地域に根ざす修道院として独自の発展をみたが、今日では多くの修道院施設を失い、教会本体も近年の修復を経て現在の姿にいたっている。

ラテン十字の構成をとり、全体に四角い厳格な形態をとる。入り口には二つの門をもち、南門の左側には聖ヤコブの彫刻があることから巡礼の影響がここにもあったことがわかる。右には聖ヨハネが配され、内部の柱頭彫刻などを含めこうした彫刻はレオンのサン・イシドロの彫刻と直接の影響関係をもつとみなされている。

内部空間は調和のとれたヴォリュームと美しいアーチの構成が厳格な幾何学と相俟ってロマネスク教会の一つの頂点ともいうべき独特の表現を獲得している。

アクセス…………Benaventeより N525を西へ一本道。

San Vicente

サン・ビセンテ教会（アビラ）

中世の城壁都市として知られるアビラは1090年から1099年までに建設されたとされる。極めて印象的な町の外観は他に比較するものがない。まず城壁の外観を町のはずれから離れて見ておきたい。ロマネスク教会は壁の内外に多くあるが、中でも最も重要なのがサン・ビセンテ教会である。1062年にサン・ペドロ・デ・アルランサがこの地に移ってきたことから教会の建築は始まった。1109年に後陣とクリプトが建設され、引き続き西側ポルティコと身廊ができ、ドームが載せられたのは13世紀のことである。ラテン十字で3廊式6スパンの堂々たる教会で、特に後陣の明快なヴォリュームが建築としては印象的な景観を与えている。南側門は7重のアーキヴォルトをめぐらせる大きな門であり、左右に受胎告知およびサンタ・サビーナとサン・ビセンテの写実的な彫刻を配している。西門が中心となる入り口であるが、5重のアーキヴォルトの中央にさらにタンパンを二つに割ってアーチをかける意匠構成をとる。左右にはここでも写実的な彫刻が配されている。内部はかなりゴシックの手が入っているが、柱頭彫刻には想像上の動物などの興味深いものが多く見られる。彫刻の詳細なディテールはこの教会独特のものがあり、注目しておきたい。

アクセス…………すべての教会が徒歩圏内。マドリッドより鉄道、バスの便多数有り。

Map ▸ p.8 route 3-⑤

Catedral Vieja

旧大聖堂（サラマンカ）

サラマンカは13世紀に大学が設立された町として知られ、今日でも多くの研究者や学生で活気のある大学都市である。大聖堂は12世紀初頭に土地の支配者の結婚を記念して聖母にささげる教会として建設されたものであり、4人の監理の手を経て13世紀に完成をみた。北側の壁を共有する形で新大聖堂が建設されたのは16世紀のことである。

3廊式5スパンのラテン十字式教会で、後陣には身廊・側廊にあわせて三つの半円礼拝室がある典型的なプラン。質素で力強い形式と内陣のシリンダー状の印象的な礼拝室が内部の特徴であるが、最も有名なのは「鶏の搭」（Torre del Gallo）と呼ばれる交叉部のドームである。中央のタワーの4隅に小さなシリンダーを立ち上げ、円筒が束になって立ち上がった印象的な外観を獲得している。サモラとその周辺の教会の形式に似たものなので比較参照されたい。

サラマンカには多くのロマネスク教会と美しい広場がある。巡礼にちなんだ「貝殻の家」も含めて時間を割きたい町である。

アクセス…………教会は町の南側にある。この町を訪れたら、ここの中心にあるマイヨール広場に是非。

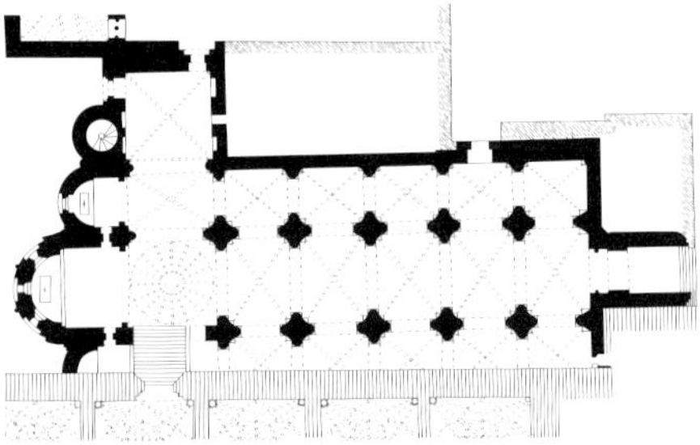

Santo Domingo

サント・ドミンゴ教会（ソリア）

12世紀の初めに建設された小教会、サント・トメが下敷きになっている。12世紀末に拡大され、大ファサードが完成されて現在の姿になった。ファサードは20世紀に大幅な補修を受けている。

この教会の見どころはなんといっても明快な構成の大ファサードであるが、必ずしもソリアに縁のあるものではない。中部フランスの表現形式がこの地に伝播されたとされており、上下の2段の連続アーチに中央門が割り込んだ造形的な構成をとっている。中央には4段のアーキヴォルトをまわし、左右の柱頭には新旧聖書の物語が描かれ、タンパンには中央に創造者の膝にキリストが乗せられ、左右に聖母とヨセフが配されている。いずれも同じ手で彫刻されていると考えられている。

空間の表現というよりは町に位置する都市的な配慮が成立させたファサードは、都市の発展と不可分な歴史的背景を想像させるものである。

建築が都市にノードを与えるという意味では、サン・ファン・デ・ラバネーラはより記念碑的なもう一つの興味深いソリアの教会である。

アクセス…………ブルゴス[2]よりN1、N234と乗り継ぎ約150km。サント・ドミンゴ教会は町の中心。サン・ファン・デ・ドゥエロ教会は町の東側のドゥエロ川のほとり。

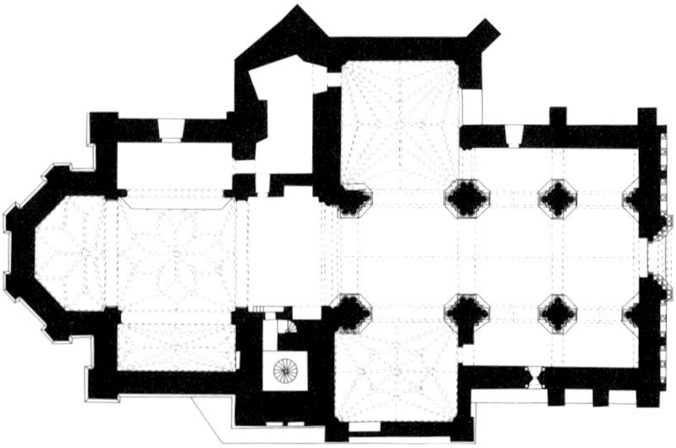

Map ▶ p.8 route 3-⑦

San Juan de Duero

サン・ファン・デ・ドゥエロ教会（ソリア）

ソリアがキリスト教徒の地として回復したのは1119年のことであり、ロマネスク教会の完成は12世紀末から13世紀のはじめとなる。同時に東方の影響は建築に色濃く残ることとなった。交錯する二つのアーチが作り出すピクチャレスクなイメージは、アラブの影響を確実に残す表現であり、華やかな中庭を演出する重要なエレメントとしてスペインのロマネスク教会の一つのシンボルでもある。教会はシンプルな1身廊であるが、内陣のアーチを支える左右の4本の独立柱が空間に光のアクャントを与え、ここでもアーチの載り方で東方の雰囲気が表現されている。

柱頭彫刻は中庭で植物を、教会内部で主に聖書の内容を表現しており、その彫刻はサン・ファン・デ・オルテガとの類似性が指摘されている。

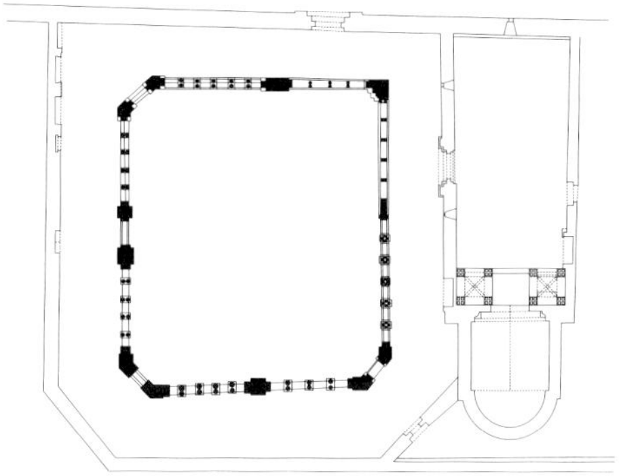

San Miguel

サン・ミゲル教会（サン・エステバン・デ・ゴルマス）

サン・エステバン・デ・ゴルマスはドゥエロ川に沿う戦略的に重要な位置に立地し、イスラム教徒とキリスト教徒の間で交互に占領を重ねた複雑な背景をもつ。最終的にエル・シドによって1054年、キリスト教の地として失地回復を果たした。その直後から教会の建設は始まっているが、1081年、あるいは1111年に建設されたのではないかと考えられており、この時期で南側にギャラリーをもつ最も古い例として極めて貴重な事例とされている。

その価値は美術的な側面のみにとどまらず、イスラム教徒の占領直後に教会を建設する社会的な背景が成立したことの証という意味においても貴重な事例なのである。南側ギャラリーは7つのアーチによって構成されており、装飾は極めて少ない。柱頭彫刻は人物や人物のグループ、異国風の想像上の動物などであり、プリミティヴで民族的な意匠構成を見せている。

サン・エステバンにはもう一つの教会、サンタ・マリア・デ・リヴェーロ教会がある。同様の構成ながら、新しい構成の彫刻と拡大した規模の、より華やかな雰囲気をもつ一種のスタンダードとなる形式を見せているが、かなりの部分は近年の修復の手が入っている。

アクセス…………マドリッド[1]よりN1、E5で約100km走り、MansillaでN110に乗り換え、約90km。

San Miguel

サン・ミゲル教会（アルマサン）

アルマサンは1128年にレコンキスタ（失地回復）され、城壁に守られた城塞都市として発展した。教会は12世紀中期に町の中心となる広場に面して建設された。3廊式であるが非常に幅の狭い構成をとっているために、外観もほっそりとして交叉部のドームがより垂直方向に強調されている。最も興味深いのは、ドームの8角形の内部にイスラム風の星型リブをまわし、その間から開口部をとって神秘的な採光を見せている意匠構成であろう。コルドバのメスキータ、あるいはトッレス・デル・リオの天井を想起させる表現は抽象的な美意識に文化的な国境のないことを考えさせてくれる例証であろうか。

ここでは内部を拝観しないと意味がないので、閉まっている場合には、同じ広場にある警察に尋ねると鍵を貸してくれるので問い合わせること。

アクセス…………ソリア[4]よりN111を南に約36km。

Monasterio

サンタ・マリア・デ・ウェルタ修道院（サンタ・マリア・デ・ウェルタ）

シトー派のコミュニティーが作った集落の中に成立した教会。シトー派の教会としてアルフォンソ8世に保護され建設が始まったのが1162年であり、1184年にはほぼ完成した。

3廊式5スパン、ラテン十字の典型的なシトー派教会であり、その表現形式も規範に沿った厳格なものとなっている。合理的な建設方式と、限られた装飾、象徴的な空間はフランスのシトー派とまったく変わらない。中庭はゴシックに変えられているが、それ以外の部分は修復の手も受けてよくオリジナルな状態を残している。シトー派の合理性には何も立ち入ることができなかったかのような静寂がここには存在するのである。

アクセス…………ソリア[4]よりN111を南に約80km。N11との交差点を左折約30km。

Vera Cruz

ベラ・クルス（セゴビア）

13世紀の初頭に建設されたと考えられているが、その起源は必ずしも明快ではない。エウナーテとトッレス・デル・リオなどの集中式教会堂との関連も指摘されるが、この両者が8角形なのに対してベラ・クルスは12角形であり、イタリア北部の集中会堂も円形や8角形が多い。唯一エルサレムのオマールのメスキータがその起源である可能性が高いが、いずれにしてもその形式は他に類似するものがなく、星座や1年の月数である12という数字の集中会堂という唯一無二の象徴的な構成を見せているのである。

内部は中央にコアをもち、放射状に半円の梁をまわす構成に礼拝室をつなぎ合わせたものであり、主に回廊式の教会といってよい。全体に装飾的な要素は少なく、空間も意匠構成もそのシンプルで象徴的な構成をより明快に表現しているのである。

町とは離れて孤立した場所にあり町から見下ろすことができるが、特に城の展望台からは教会の外観を絶好の角度で見ることができる。

アクセス…………ほとんどの教会は町の中心に点在している。マドリッドより鉄道、バスの便多数有り。ベラ・クルス教会は町の北西約2km。

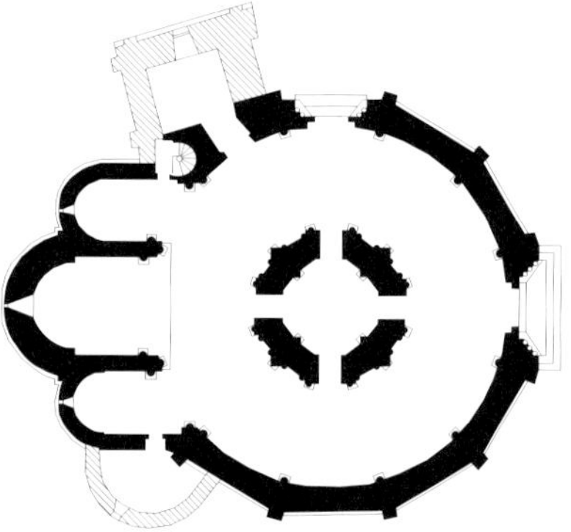

Map ► p.8 route 3-⑫

San Millán

サン・ミリィアン教会（セゴビア）

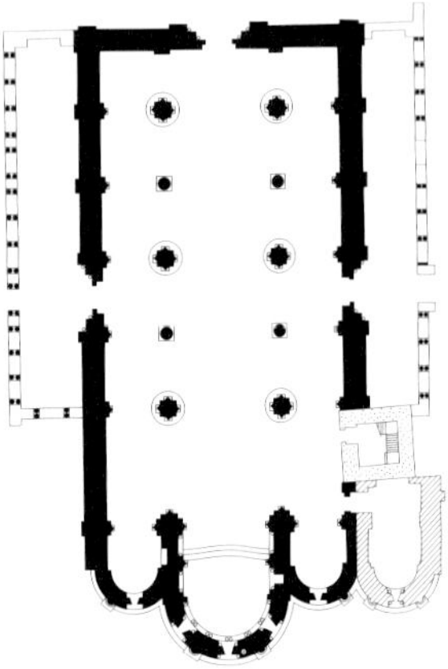

城壁の外、いわば郊外に建設された初めての教会で、1111年から1126年の間に完成されたと考えられている。アラゴンとカスティーリャの王であるアルフォンソ1世の結婚を祝して建設されたことから、アラゴンにあるハカのカテドラルをモデルにしたとされている。3身廊で5スパンの堂々とした教会で、3つの半円形礼拝室を広場に向け、同時に南と北の両方にギャラリーをもつ、広場と一体になった教会。南のギャラリーの柱頭には新約聖書の物語が描かれ、いずれも質がそろっている。内部も典型的な半円ヴォールトとアーチの構成で、柱頭彫刻も興味深いものが多い。

南にギャラリーをもつ教会は一つのタイポロジーとしてセゴビアに多く存在する。サン・マルティン教会は大きな段差のある小さな広場にうまく南のギャラリーを組み込んだ美しい教会であり、13世紀はじめにプレロマネスク教会から完全に再建された建築であることから全体に統一のとれた完成度の高さをもっている。サン・エステバン教会は広い広場に面してぬきんでた塔の高さを強調し、遠くからもその存在を知ることができる。同時にサン・ファン・デ・ロス・カバリェーロス教会、サン・フスト教会なども拝観されたい。

Iglesia de la Asunción de María

聖母昇天教会（デュラトン）

村はずれの緑地にひっそりと建つ小教会。カスティーリャに多く存在する南面にギャラリーをもつ教会の中でも特に保存状態がよく、とりわけ柱頭彫刻の完成度が高い。一室の空間に内陣をつけただけの極めて単純な構成をもつが、ギャラリーとの調和がとれた建築として完成度の高い教会。正面の鐘楼以外は12世紀の建設である。

ギャラリーを半分に分けるように中心に大きなアーチをかけ、8つのアーチを左右に配置する。中央アーチ左右の柱頭はキリストの生誕、3王来朝、8つのアーチには守護神としての女面怪獣を配する。内陣の柱頭はサムソンとライオン、預言者ダニエル、神の顕現などが描かれている。

アクセス…………マドリッド[1]よりN1-E5をブルゴス方面に約100km。Cerezo de AbajoでC112に乗り換え約5km走り、Dueruelo で右折、あとは一本道、約8km。

Monasterio

サント・ドミンゴ・デ・シーロス修道院（サント・ドミンゴ・デ・シーロス）

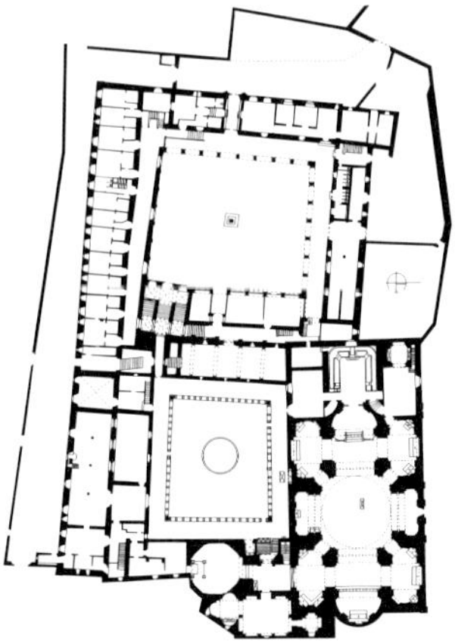

スペインのロマネスク教会における金字塔ともいえる素晴らしい回廊をもつ教会。

10世紀まではメスキータであった場所にモサラベ教会ができたのは11世紀のはじめであるが、1041年から1073年まで僧ドミンゴがこの地に赴任した。その後の1088年に奉献された建築が現在の建物の起源に当たる。

回廊は完全に四周を巡り上下二段の構成をとる。上段は後世の追加部分で空間構成の完成に貢献しているが、最も大きな見どころは下段の回廊まわりの彫刻である。二人の作者によって完成された彫刻作品はその差をほとんど見せることなく素晴らしい調和を見せており、同時期に進行していたサンチャゴ・デ・コンポステーラとはまったく異なる表現でその独自性を誇示している。生き生きとした人物表現、卓越した彫刻技術、美しい光の表現を全体に見せ、中世の絵巻物を立体的に表現している。東、北の回廊はすべて一番目の作者、西は5つの柱頭だけが一番目の作者、西の残りと南の回廊が二番目の作者の作品とされている。特に一番目の作者の独創性が見どころであろう。

町は小さく美しい。合唱隊のコーラスでも知られているので、夕刻のグレゴリオ賛歌とを観賞するために滞在するのもよい思い出になるだろう。

アクセス…………ブルゴス[2]よりN1、N234を乗り継ぎ約70km。HacinasでBU903へ右折約15km。途中一部に悪路有り。

Colegiata de Santa María Mayor

サンタ・マリア・マヨール僧会教会（トーロ）

トーロはサモラと似た発展を辿った町であり、最初の築城は9世紀から10世紀のことである。その後常にモサラベの強い影響下にありながらアルフォンソ9世による外郭の築城が完成したのが1222年であり、ちょうどこのころ僧会教会も完成したと考えられる。印象的なドームはサモラやサラマンカの影響を強く受けたものであり、後陣からみる迫りあがったヴォリュームは美しく劇的な効果を与えている。西側ファサードや一部の内部装飾はゴシックに変えられているが、全体としてカスティーリャの盛期ロマネスク様式の典型的な表現を獲得していると評価してよいだろう。広場に面した南門は4重のアーキヴォルトをもち、それぞれのアーチに聖書の情景を描いている。

トーロの町にはモサラベ教会を含むいくつかのロマネスク教会がある。僧会教会の背後にはホテルもあり、滞在して周辺を散策するのも良いだろう。

アクセス…………サモラ[2]よりN122をValladolid方面に約33km。

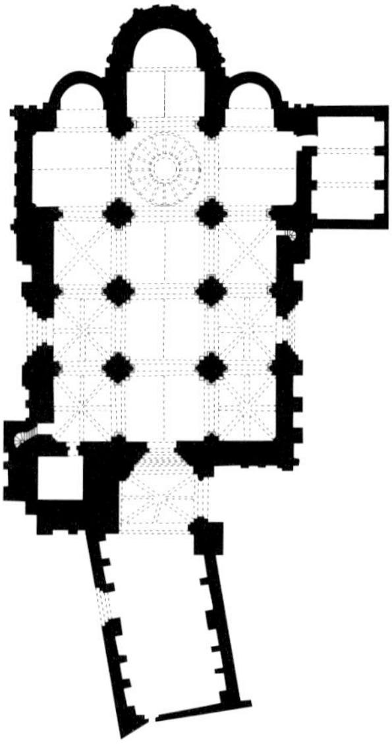

カタルーニャでは、地中海およびフランスから連続する文脈が明快に読み取れる。そもそもカタルーニャは13世紀にシチリアを併合するほどの勢いをもっていたから、地中海沿岸での文化的な交流は必然的に強く、その具体的な姿は教会の表現に反映している。フランスの地中海沿岸にある教会がローマ時代の建築をそのまま引き継いでいることはカタルーニャでも同様で、同時にイタリア・ロンバルディアのシンプルで力強いヴォリュームや独特の装飾要素などもそのつながりの中で明らかに見出せる影響である。ローマ時代を彷彿とさせるサント・ペレ・デ・ロデス、ロンバルディアの教会から影響を受けていると思われるコベット、フロンターニャ、カルドナなどはそのよい例である。ピレネーの山中にもその傾向は顕著で、特にボイの谷からアンドラにかけての美しい小教会群にも現れているといってよいだろう。一方カタルーニャの金字塔リポイはフランス初期ロマネスクの傑作であるサン・ミシェル・ド・キュクサとともに同時期に司教オリーバによって創建され、必然的に初期ロマネスク建築としての強い関連性をもっており、ピレネーという山地一帯で同時に建設活動が進んでいたことはオロロン・サントマリーとトッレス・デル・リオなどのつながりを見てもよく理解できる。またカタルーニャには多くの完成された素晴らしい中庭をもつ教会が多い。これは修道院の活動が広汎に支持されていたことを物語る。他の地域に類を見ない修道院の数とその質の高さは、中世における教会組織内のカタルーニャの地位と経済力を物語っているのではないか。またシトー派の教会が多いこともフランス・プロヴァンスとの流れを感じさせる要素である。一方モサラベの影響も確実に各地に残っている。サント・ポウ・デル・カンプ教会のアーチなどはその顕著な例であるが、小さな幾何学的な彫刻なども散在し、カスティーリャほど強くはないが、その混在する意匠が独特の魅力を増していることも確かである。

route 4 Catalunya カタルーニャ

サント・ペレ・デ・ロデス修道院

Santa María

サンタ・マリア教会（リポイ）

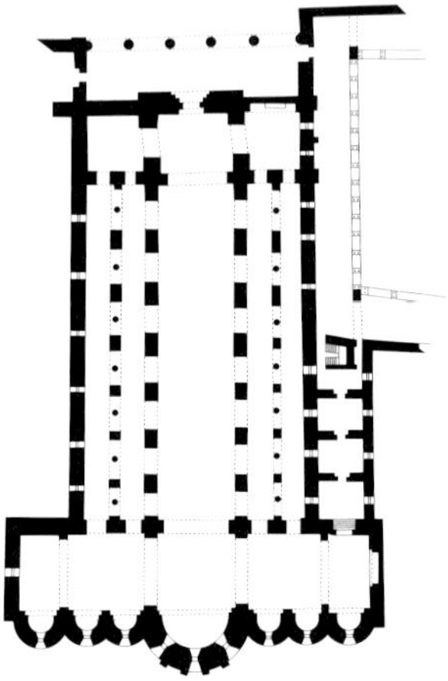

グイフル・エル・ピロス伯爵によって家族で経営する修道院が888年に建設されたものを起源とし、近辺の豪族たちも自らの墓所として協力したことから規模は徐々に拡大していった。現在の回廊や門の彫刻は12世紀に追加されたものである。数々の子院を拡大し、その傘下にはモンセラートも所属したほどであり、中世の書籍資料も豊富に所蔵することによって今日でも中世研究には欠かせない拠点である。

3廊式のバジリカ形式で両翼廊に礼拝室を三つずつもつ大きなスケールの教会。シンプルで印象的な身廊とサン・ミシェル・ド・キュクサを想起させる鐘楼と、柱頭のよく残る整った中庭をもつが、何といっても最も大きな見どころは前門の巨大な彫刻群である。中央上部にキリストを配し、12使徒や黙示録の人物像などをちりばめ、柱には12ヶ月の情景や星座などが細かく配置され、全体が見事な宗教生活絵巻となっている。

アクセス…………バルセロナ[3]よりN152で一本道約100km。

Catedral de Santa María

サンタ・マリア大聖堂（ラ・ソウ・ドゥルジェイ）

古くから司教座のあった、ピレネー地域における最大のキリスト教権力を保持していた教会である。8世紀の間はアラブの力の前に破壊の時代であったが、その後、より司教座にふさわしい教会として839年にサンタ・マリア教会が奉献された。この時点ですでに司教座は三つの教会からなる複合施設であり、さらに11世紀に改造が施され、後陣に五つの礼拝室が並ぶリポイやキュクサの構成を獲得して完成したのは1119年のことであった。その後連続して規模が拡大され12世紀中に中庭も拡大完成し、1195年の略奪を受ける直前までの建築が基本的に現在の教会である。

都市的な環境にあって正面に向かう細い道路から切り取られるファサードがそのまま教会の大きさを強調している。3廊式で身廊の高い半円ヴォールトは、カルドナを思わせるロンバルディアの影響を受けたカタルーニャ風の表現といってよいだろう。装飾的な要素はロンバルディア風軒飾り以外には少なく、ファサードに嵌め込まれた人を食うライオンの彫刻以外は目立ったものはない。中庭は東の回廊を失っているが、1119年ころからの柱頭を51残している。サムソンとライオンやダヴィデなどわかりやすい題材もあるが、動物や植物、複雑な人物の絡まった彫刻などが中心で、ここでもイタリアからの流れを感じる表現を見出せるのである。同時に同じ複合施設の中にあって、ゴシック時代に大改造され近年修復されたサン・ミゲル教会も拝観しよう。

隣接する旧司教座施設は現在司教区博物館となっている。貴重な資料があるのでここも是非見ておきたい。

アクセス…………バルセルナ[7]よりE-9、A18、C1411、N260を乗り継ぎ約170km。N260はかなり標高の高いところを運転しなくてはならない。

Santa Colma

サンタ・コルマ教会（アンドラ・ラ・ベヤ）

アンドラはカタルーニャの北方の谷間に広がる山間の独立国であるが、中世にはほとんどウルジェイの勢力分布の中に入っていた。

サンタ・コルマ教会はアンドラの中では最も美しい教会であろう。本来初期ロマネスク時代に建設されているが、多くの改造を経ており、現在の教会は12世紀の建築と考えてよい。鐘楼はこの時代のものであるが、ギャラリーは16世紀以降に追加されたものである。全体にロンバルディア風のシンプルなヴォリュームを見せる建築であり、ほとんど開口部がないから、馬蹄形をイメージするトリオンファル・アーチの先に見える内陣の開口部の光がより象徴的に内陣を演出する。内陣周りの壁面にはフレスコ画が断片的に残っているが、正面のキリストを表現した羊と内陣内東側の聖人、コルマ、ペレ、ポウなどがわかる程度で残りはアンドラ内の博物館やベルリンの博物館に移設されている。

アンドラはフランスからも入国できるから、スペインの人たちも合わせて無税の商品を求める買い物客で季節の良い週末は大変にぎわう。

アクセス…………ラ・ソウ・ドゥルジェイよりN145を約20km。アンドラ国内に教会は点在しているが、標示が少なくわかりづらい。

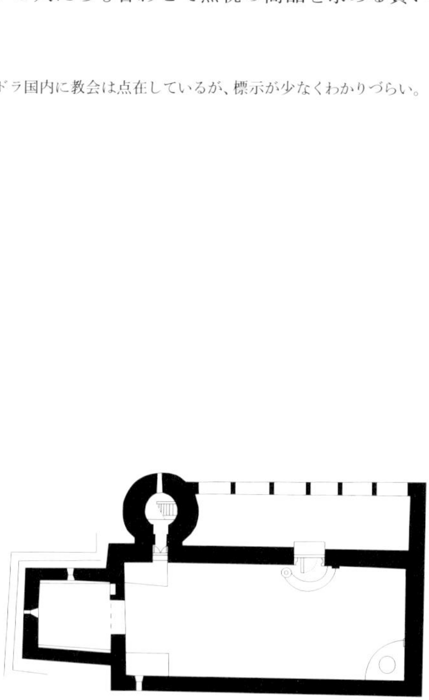

Monasterio Sant Pere de Casserres

サント・ペレ・デ・カセレス修道院（サント・ペレ・デ・カセレス）

ヴィックのパラドールからさらに先に進むと、湖の先端に突き出した半島の崖上先端に、太く短い鐘楼とマッシヴな身廊の塊が大自然を背景に立ち上がっているのが見てとれる。切り立った自然の半島であることが良くも悪しくも教会の運命を変えたといってもよい。8世紀の終わりには軍事的な施設があったといわれているが、その後荒廃し、11世紀初めに宗教施設があった場所に、カルドナ建設に関わる人々が立ち寄ったことによって1040年ころから1080年ころまでに教会の建設がなされたとされている。14世紀のはじめころから衰退し1427年の地震で屋根が落ち、16世紀にはバルセロナ伯爵による改修も受けたが、その後個人の手に落ちて近年の改修を受けるまではその力強い姿を見せることはなかった。現在の回廊は完全に近年の復元的な考察に基づく改修によるものであり、あまり参考にならないが、カルドナの力強い表現と、小さいながらも豊かな空間も併せもつユニークな存在となった。なんといってもこの教会の評価は自然との特別な関係に求められるだろう。切り立つ崖の上へ向けて修道院へ向かうアプローチの環境は美しく、半島の先端へと吸い込まれていくかのようである。

湖はダムによって水量が増しているが、ヴィックに戻る途中に、水量が少ないときだけに顔をだすサン・ロマン教会があり、運がよければこれも見ることができるだろう。

アクセス…………バルセロナ[3]よりN152でVicまで走りC153に乗り換え約5km走り、Tavernoles（指示有り）を右折。Vicパラドールを過ぎてつきあたり。

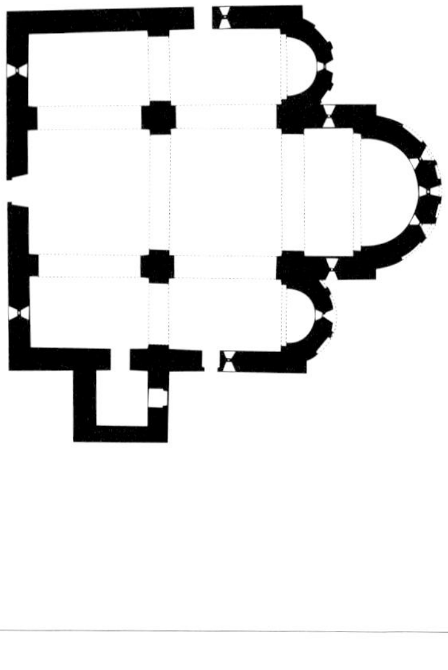

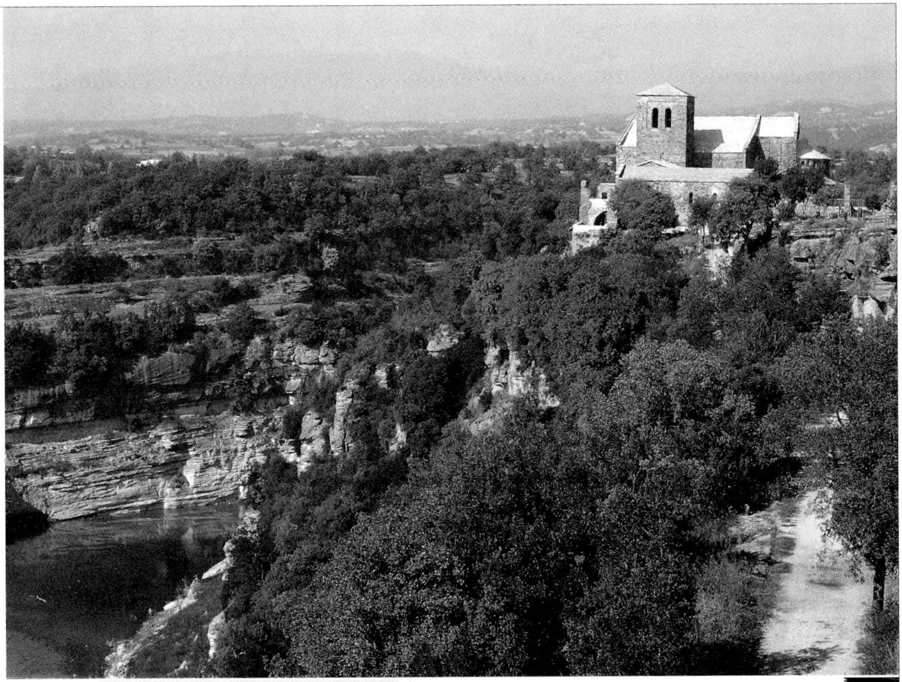

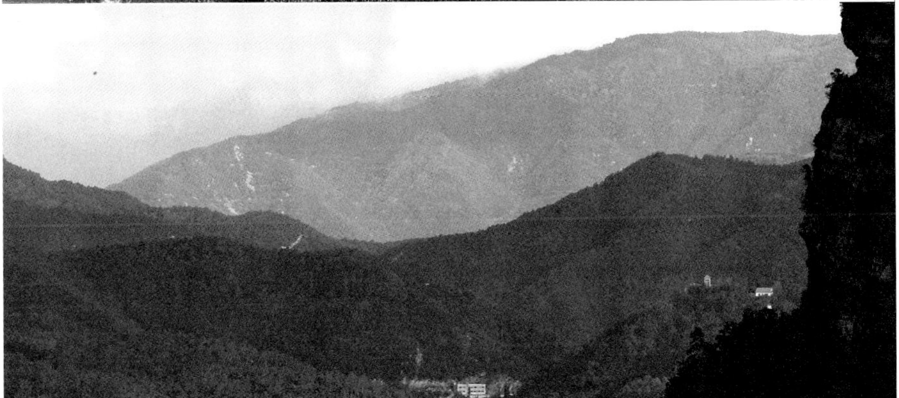

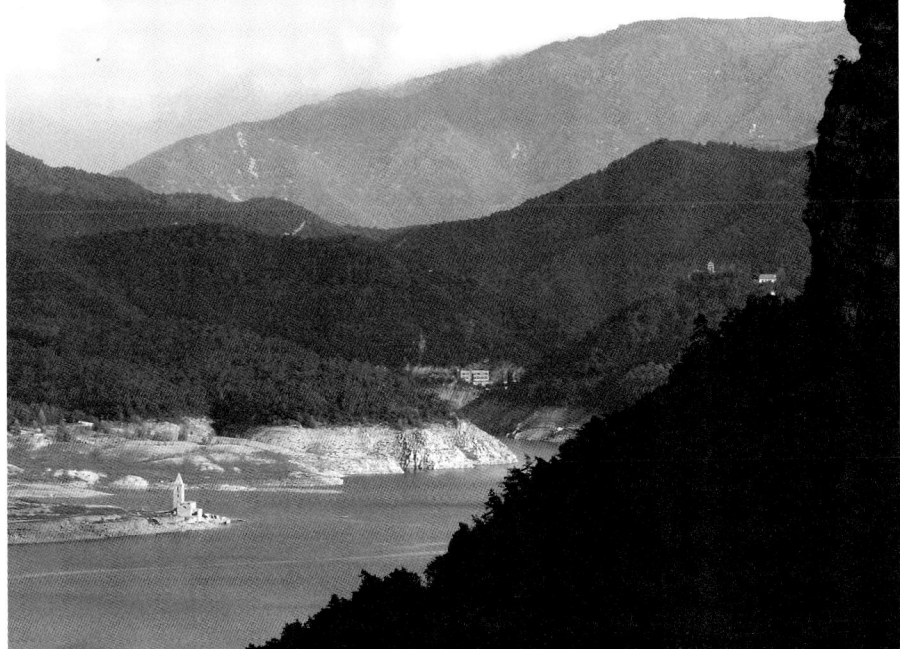

湖の水量が少ないときにだけ現れるサン・ロマン教会

Monasterio de Sant Pere de Rodes

サント・ペレ・デ・ロデス修道院（サント・ペレ・デ・ロデス）

コスタ・ブラーヴァのセルヴァ湾を見下ろす絶景の場所に建つ修道院。

おそらく4世紀のローマ時代に建設された軍事施設の基礎の上に建てられた教会であると考えられる。貴族領主たちの支持を受けて10世紀末にはサン・ペレ教会として建設されていたとされ、1022年に奉献されたとの記録がある。12世紀には中庭などの部分が拡張されて、ほとんどの施設はこのとき完成した。僧50人を数えた施設は、戦火にあって16世紀には捨てられ、その後は細々と運営されるにとどまった。

いったん荒廃した施設は大胆な修復が目立つが、意匠構成は極めて独特あるいは特異である。カタルーニャの教会というよりもロンバルディア、あるいはローマ時代の建築に直接的な関連をもち、シチリアや地中海沿岸の建築との関連も併せもつ建築といってよいだろう。クリプトは9世紀のシンプルな構造を利用したものであり、柱頭彫刻はロマネスクの柱頭というよりはここでもローマ時代の柱頭を想起させるような古典的なものである。

海を見下ろす修道院は戦略的な意味の強い立地であり、歴史時代には必ずしも平穏な教会の存在にはふさわしくなかったかもしれないが、今この地を訪れると美しい環境に言葉を失う。平穏で聖なる一日をここで過ごされたい。

アクセス…………ジローナ[1]よりN11、N260を乗り継ぎPortbou方面へ約50km。Rosas（指示有り）右折、GE6101に乗り継ぐ。鉄道の線路をわたってすぐ左折。あとは山の頂上まで一本道。Rosasの標示を見落とさないように。

Sant Vicenç

サント・ビセンス教会（カルドナ）

戦略的に重要な丘の上にあるために、8世紀終わりころから集落の建設が始まったが、教会を含む集落になったのは9世紀ではないかと考えられており、バルセロナの陥落が985年であるから、そのころからさらに要塞化が進んだと考えられる。1040年に奉献された記録があり、おそらく現在の教会の基本はほとんどこの時代のものであると考えられる。

教会は装飾的なものはロンバルディア風の教会を思わせる帯装飾以外ほとんど何もなく、象徴的な空間をより際立たせている。小さな石の組み合わせによる内外装は、さらにその表現における抽象性を強めている。3廊式で身廊は20メートル近くの高さに及び、上昇感の強い空間は同時に象徴的であり、クリプトと後陣に吸い込まれていくようである。

前にある回廊はゴシック時代に追加されたものであり、子爵の居城とされる付属施設は現在パラドールとして再生しているので、是非中世の城に滞在して中世の気分を味わっていただきたい。

アクセス…………バルセロナ[7]よりE9、C1411、C1410を乗り継ぎ約70km。遠くからでも城塞が見えてくる。

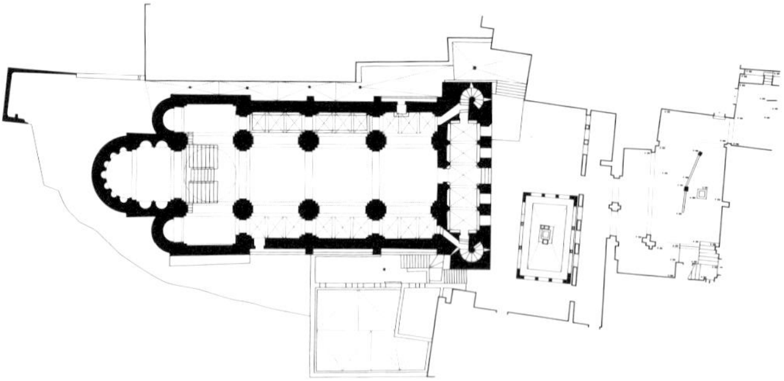

Santa María de L'Estany

サンタ・マリア・デ・レスタニー教会（レスタニー）

レスタニーは沼という言葉が語源であるように、平地にあって多くの領主たちの利権の交錯する場であったために、最終的にバルセロナ伯爵の援助でオーギュスト派の規則に基づく構成の教会をヴィック司教の手で奉献したのは1133年のことである。13世紀までは隆盛が続いたが14世紀にまた所有関係が複雑に変わり荒廃が始まった。1428年の地震は大きな損害を与え、このときの修理にあたり交叉部上の鐘楼が載せ代えられ、身廊のアーチが尖頭アーチに変えられた。

数々の改造を受けたにもかかわらず全体の美しい姿、ヴォリュームの構成がまず目に付く。小さいながら調和のとれた形態と後陣からのシルエットはシンプルな構成の美しさを存分に見せている。内部の見どころはなんといっても回廊である。柱頭の彫刻は最初の建設時のものと14世紀のものなどが混合しているが、サン・クガの4分の1ほどしかない規模にもかかわらず、調和のとれた光の美しい回廊である。最初の柱頭彫刻は土俗的な雰囲気の手法と題材が古さを感じさせるが、それ以後の作品は聖書を題材とするわかりやすい物語を描いている。付属室は展示室となっている。

アクセス…………バルセロナ[3]よりN152、B143を乗り継ぎMoiaをめざし約50km。Moiaよりレスタニーは9km。

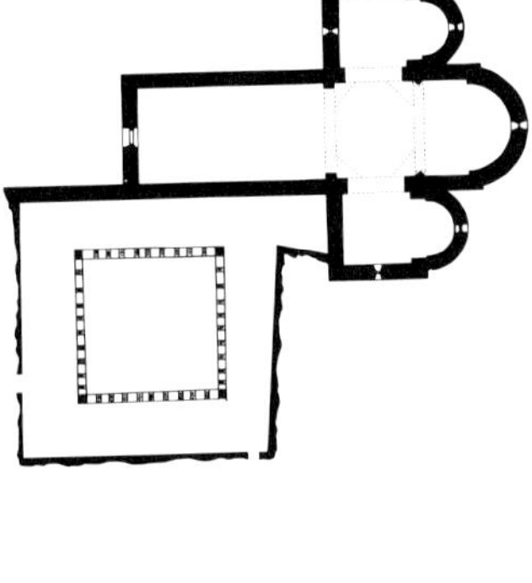

Sant Climent de Taüll

サント・クリメント教会（ボイの谷）

世界遺産に登録されて以降、ボイの谷は多くの観光客でにぎわうようになった。山間に深く突き刺さるような谷の奥地に向けて道を進むと、左右両岸に上ってゆく道の先に多くのピクチャレスクな小さな村がある。それぞれにロマネスク起源の教会があるが、そのなかでも特に美しい環境と教会をもっているのがタウィユである。ここには二つのロマネスク教会があり、村の入り口にあって美しい鐘楼を見せているのがサント・クリメント教会、さらに登って集落の中にあるのがサンタ・マリア教会である。

サント・クリメント教会は1123年に奉献されたバジリカ形式の3廊式で、特徴的なのは当時の教会の多くは半円ヴォールトをかけているのに対し、木の昇り梁をかけていることであり、ピレネーの山間にある教会であるだけでなく、鐘楼の形式も含めてロンバルディア風の表現であるともいえるだろう。内部は農村風とでもいうべき壁によるアーチでスパンを飛ばしているが、なんといっても見どころは二人の作者によって描かれたと考えられている壁画であろう。残念ながらオリジナルはほとんどバルセロナのカタルーニャ博物館に移設されているが、この多彩な中世絵巻は非常に鮮やかな色彩でキリスト、使徒、聖母などを描き、中世における天国の情景を思わせる。

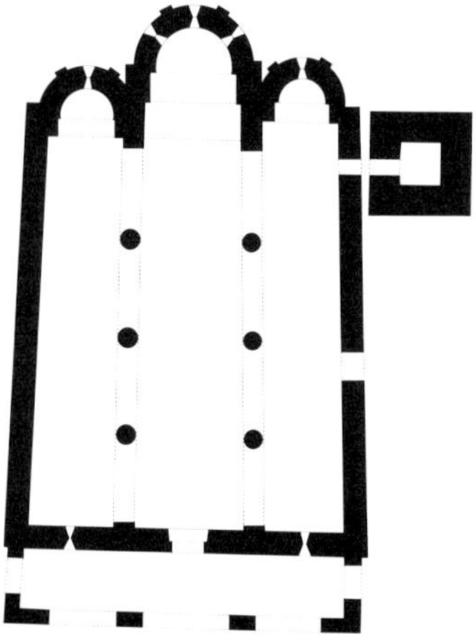

サンタ・マリア教会は教区の教会として現在も機能し続けている教会であり、今日までいろいろな改造を受けている。サント・クリメント教会と同じころの建設と考えられ、半円ヴォールトが載っているのもこのような経緯によってであろう。こちらも壁画が美しく残っており、複数の作者によって描かれていると考えれている。題材はここでもほとんどが聖人たちであり、小さくダヴィデとゴリアテの戦いも見出すことができる。世界遺産に登録されてからいずれもよく管理されていて、趣は薄れたが巡礼が容易になった。ボイ、エリル・ラ・ヴァル、ドュロなども是非同時に見ておきたい。またこの地域の壁画に興味をもったら、バルセロナのカタルーニャ博物館も是非訪れておきたい。

アクセス…………バルセロナ[5]よりN11をLleidaまで走り、N230に乗り換えVielha方面にひたすら北上する。約100km走ってPont de Suertの町をぬけ、Val de Boi（指示有り）右折。標示見落しに注意。N230の最後50kmは山中のヘアピンカーブの連続で対向車、落石に注意。

Map ▶ p.8 route 4-⑨

Sant Juan de Boí

サント・ジュアン・デ・ボイ教会（ボイの谷）

ボイ谷の多くの教会と同じく、11世紀ころに建設されその後の改造を受けている。3廊式で側廊との間を壁アーチで隔てる田舎風の構成。屋根は木製の昇り梁である。ここでも12世紀に描かれたすばらしい壁画の断片が残っており、独特の鮮やかな赤と青で特徴的なシンボルに満ちた世界を演出している。

鐘楼は3層で構成され、下2層がオリジナルのロンバルディア風である。北側ファサードにある門の上の壁画は本来ポルティコがあった部分の下にあったものである。ここでも壁画のオリジナルはバルセロナにあるので、カタルーニャ博物館を訪れていただきたい。

Sant Pau del Camp

サント・ポウ・デル・カンプ教会（バルセロナ）

城壁の外に離れて建てられた教会だが、現在は市街地の中に吸収され現代的な建物の中に埋もれている。バルセロナ伯爵が亡くなったときにここに葬られたことによってその存在は知られているが、985年のバルセロナ陥落によって破壊され、現在の建築は1117年ころの領主夫妻の献金によってサント・クガト・デル・バリェスの僧達の手で建設されたと考えられている。先行する建築の古い様式の装飾部分の断片が部分的に使われていることからもその歴史が物語られている。回廊がベネディクト派の教義に基づき建設されたのは13世紀のはじめのこととされる。

ギリシャ十字をもとに計画された小教会だがシンプルなヴォリュームに少ない装飾要素が厳格な美しさを演出している。小さいながらヴォリュームを感じる内部空間は印象的なドーム四方からの光の演出が美しい。彫塑的に彫り込まれた正面門のタンパンにはキリストと天使、ヴォールト上の彫刻は天使の姿のマタイと鷲の姿のヨハネである。回廊は2スパンずつの4辺によって構成され、コリント式をベースとするオーダーに48本の柱頭彫刻が展開するが、特徴的なのは、建設に関わろうとした候補者の中に7人のイスラム教徒の僧が含まれていることから、彼らによって作られたのではないかとされるイスラム的な2段と3段に迫りあがるアーチである。当時の状況を物語る貴重な資料である。

アクセス…………町の南側、地下鉄2、3号線Paral-Lel駅下車すぐ。

Sant Cugat del Vallés

サント・クガト・デル・バリェス教会（サント・クガト・デル・バリェス）

ローマ時代後期にオクタヴィアヌス・アウグストゥスの城壁が存在した場所にあって、4世紀には教会があったことも確認されている。8世紀のサラセン、985年のアルマンソルの侵攻によってたびたび破壊され、現在の教会の基礎となっているのは1063年の教会部分、そして1190年に完成した回廊である。その後も頻繁に教会部分は多くの部位がゴシックに改造され、回廊にも16世紀に上階が追加された。

したがって最人の見どころはカタルーニャのなかでも最も価値の高い中庭の一つとされる回廊である。4辺はそれぞれ壁状の角柱で仕切られた3スパンを奥の深いアーチで5スパンに分割し、それぞれの柱はコリント風の独立柱で、144個の柱頭彫刻をもつ。それぞれの作風はかなり相違があって、東側が1190年ころのものであると考えられ、この隅の柱の彫刻には彫刻家とされるカデルという人物の刻印がある。全体に深彫りで、人物の表現が特に素晴らしい。空間的には中庭の大きさが回廊の明るさにつながり、重たい壁を軽々とコリント式の細い柱が支えているように思える。中庭にある小さな基礎は最初の教会のものと思われる発掘作業を開示したものである。

アクセス…………バルセロナよりカタルーニャ公営鉄道で約20分、サン・クガ下車。徒歩約20分。

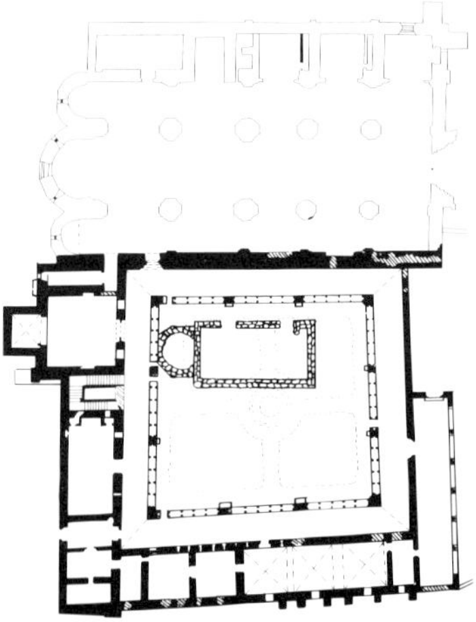

Map ▸ p.8 route 4-⑫

Sant Benet de Bagés

サント・ベネト・デ・バジェス教会（サント・フルイトス・デ・バジェス）

モンセラートのサンタ・セシリアと同時に945年ころバルセロナ伯爵によって設立されたとされているが、すぐにクリュニーの改革がサン・ミシェル・デ・キュクサを通して伝えられ、影響下に入った。最初の奉献は972年とされる。11世紀のはじめにサラセンの侵入を受けて破壊され、再度建設が終了したのは1212年と考えられている。現在の回廊と教会のほとんどの部分はその遺構であるが、教会本体はクリプトを失うなどその後も数々の改造を受けているから、見どころは13世紀初頭の様式で統一されている彫塑的な空間によって陰影の見事な回廊となる。回廊の中でも東回廊にはおそらく972年の建設に使われたと思われる明らかに様式の古い柱頭が混ざり、北側にも一部それと同じかあるいはイミテーションが混ざっている。コルドバからの影響を受けていることを示す籠彫りのような彫刻も数多くある。一方その他の彫刻は西南隅の柱頭に刻まれた銘文によってベルナルドという人物によるものではないかとされており、この彫刻も豊かな表現力を見せている。

アクセス…………バルセロナ[5]よりN11、C1411を走りManresaをめざし約50km。Manresaをぬけて、Sant Fruitos de Bagés（指示有り）右折。その先の標示がわかりづらい。

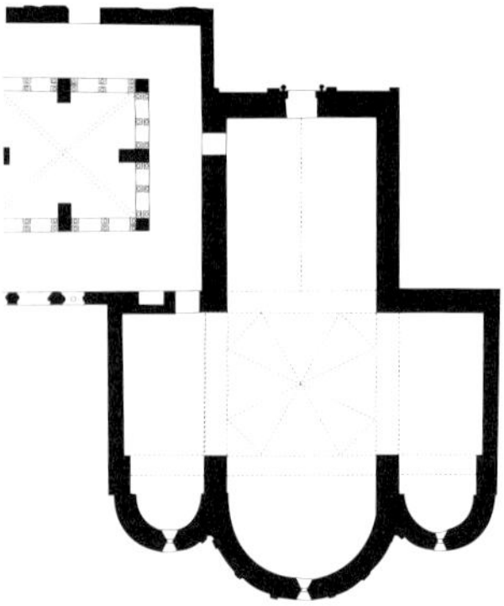

旅の情報

教会リスト

教会を指示するときには一般的にIglesia de を名前の前に付けるが、ここでは町の名前と同じで判明しづらい場合にのみ表記している。
地名の○囲み数字はp.6-8のroute mapでの所在地番号、教会名の[ ]内数字は本文掲載ページをそれぞれ示す。

route 1 El Camino Francés サンチャゴへの道

地名	教会
Jaca ハカ ①	**Catedral de Jaca ハカ大聖堂** [p.24]
Huesca ウェスカ ②	**San Pedro el Viejo サン・ペドロ・エル・ビエホ教会** [p.26]
Loarre ロアレ	**Castillo de Loarre ロアレ城**
Leyre レイレ ③	**San Salvador サン・サルバドール教会** [p.28]
Artaiz アルタイス	**San Martin サン・マルティン教会**
Ujué ウフエ	**Santuario de Nuestra Señora 聖母聖堂**
Sos del Rey Católico ソス・デル・レイ・カトリコ	**San Esteban サン・エステバン教会**
Sangüesa サングエーサ ④	**Santa María la Real サンタ・マリア・ラ・レアル教会** [p.30]
San Juan de la Peña サン・ファン・ド・ラ・ペーニャ ⑤	**Monasterio サン・ファン・ド・ラ・ペーニャ修道院** [p.32]
Eunate エウナーテ ⑥	**Ermita de santa maria de Eunate サンタ・マリア・デ・エウナーテ教会** [p.34]
Estella エステーヤ ⑦	**San Pedro de la Rua サン・ペドロ・デ・ラ・ルア教会** [p.36]
⑧	**San Miguel サン・ミゲル教会** [p.37]
Torres del Rio トッレス・デル・リオ ⑨	**Santo Sepulcro 聖墳墓教会** [p.38]
San Juan de Ortega サン・ファン・デ・オルテガ ⑩	**Iglesia de San Juan サン・ファン教会** [p.39]
Burgos ブルゴス	**Las Huergas ラス・ウェルガス修道院**
San Quirce サン・キルセ	**Iglesia de San Quirce サン・キルセ教会**
Frómista フロミスタ ⑪	**San Martín サン・マルティン教会** [p.40]
Carrión de los Condes カリオン・デ・ロス・コンデス ⑫	**Iglesia de Santiago サンチャゴ教会** [p.41]
Sahagün サーグン	**San Lorenzo サン・ロレンソ教会**
	San Tirso サン・ティルソ教会
San Miguel de Escalada サン・ミゲル・デ・エスカラーダ ⑬	**San Miguel de Escalada サン・ミゲル・デ・エスカラーダ教会** [p.42]
Villafranca del Vierso ビリャフランカ・デル・ビエルソ ⑭	**Iglesia de Santiago サンチャゴ教会** [p.43]
Gradefes グラデフェス	**Monasterio de Santa Maria サンタ・マリア修道院**
León レオン ⑮	**Real Colegiata de San Isidoro サン・イシドロ王立僧会教会** [p.44]
Barbadelo バルバデロ ⑯	**Iglesia de Santiago サンチャゴ教会** [p.46]
Vilar de Donas ビリャル・デ・ドナス ⑰	**Iglesia de San Salvador サン・サルバドール教会** [p.47]
Portomarin ポルトマリン ⑱	**Iglesia de San Juan o de San Nicolás サン・ファンあるいはサン・ニコラス教会** [p.48]
Eire エイレ	**San Miguel サン・ミゲル教会**
Tui トゥイ	**San Bartolome de Rebordans サン・バルトロメ・デ・レボルダンス教会**
Santiago de Compostela サンチャゴ・デ・コンポステーラ ⑲	**Catedral de Santiago サンチャゴ大聖堂** [p.50]

route 2 El Camino de Mar 海の道

地名	教会
Santillana del Mar サンティリャーナ・デル・マール ①	**Colegiata de Santa Juliana サンタ・フリアーナ僧会教会** [p.58]
Armentia アルメンティア	**Iglesia de Armentia アルメンティア教会**
Estivaliz エスティバリス	**Santa Maria de Estivaliz サンタ・マリア教会**
Aistra en Zalduondo アイストラ・エン・ザルドゥオンド	**San Julian y Santa Basilisa サン・ファン・イ・サンタ・バシリサ教会**
Vallejo de Mena バリェーホ・デ・メーナ ②	**San Lorenzo サン・ロレンソ教会** [p.60]
San Pantaleón de Losa サン・パンタレオン・デ・ロサ ③	**Iglesia de San Pantaleón サン・パンタレオン教会** [p.62]
San Pedro de Tejada サン・ペドロ・デ・テハーダ ④	**Iglesia de San Pedro サン・ペドロ教会** [p.66]
Cervatos セルバトス ⑤	**Colegiata de San Pedro サン・ペドロ僧会教会** [p.68]
Robolledo de la Torre ロボリェード・デ・ラ・トッレ ⑥	**Parroquial 教区教会** [p.70]
Moarves de Ojeda モアルベス・デ・オヘーダ ⑦	**San Pedro サン・ペドロ教会** [p.72]
San Salvador de Cantamuda サン・サルバドール・デ・カンタムーダ	**Colegiata de San Salvador サン・サルバドール僧会教会**
Valle Spinoso de Aguilar バリェ・スピノソ・デ・アギラール	**Santa Cecilia サンタ・セシリア教会**
Piasca ピアスカ ⑧	**Santa María サンタ・マリア教会** [p.74]
Valdediós バルデディオス ⑨	**San Salvador de Valdediós サン・サルバドール・デ・バルデディオス教会** [p.76]
Oviedo オビエド ⑩	**Santa María de Naranco サンタ・マリア・デ・ナランコ教会** [p.77]
	San Julian de los Pradós サン・フリアン・デ・ロス・プラードス教会
	San Miguel de Liño サン・ミゲル・デ・リーニョ教会
Teverga テベルガ ⑪	**San Pedro サン・ペドロ教会** [p.80]
Cambre カンブレ ⑫	**Santa María サンタ・マリア教会** [p.81]
A Coruña ア・コルーニャ	**Colegiata de Santa Maria del Campo サンタ・マリア・デル・カンポ僧会教会**
San Martiño de Mondeñedo サン・マルティーニョ・デ・モンデニェード ⑬	**Iglesia de San Martiño サン・マルティーニョ教会** [p.82]

route 3 **Castilla y León** カスティーリャ・イ・レオン

Zamora サモラ ①	**Catedral del Salvadore サルバドーレ大聖堂** [p.86,88]
	Santa Maria de Magdalena サンタ・マリア・デ・マグダレーナ教会 [p.87]
	Santa Maria Nueva サンタ・マリア・ヌエバ教会
San Pedro de la Nave サン・ペドロ・デ・ラ・ナーベ ②	**San Pedro de la Nave サン・ペドロ・デ・ラ・ナーベ教会** [p.90]
Santa Marta de Tera サンタ・マルタ・デ・テーラ ③	**Iglesia de Santa Marta サンタ・マルタ教会** [p.94]
Ávila アビラ ④	**San Vicente サン・ビセンテ教会** [p.96]
Salamanca サラマンカ ⑤	**Catedral Vieja 旧大聖堂** [p.98]
Soria ソリア ⑥	**Santo Domingo サント・ドミンゴ教会** [p.100]
⑦	**San Juan de Duero サン・ファン・デ・ドゥエロ教会** [p.102]
	San Juan de Rabanera サン・ファン・デ・ラバネーラ教会
San Esteban de Gormaz サン・エステバン・デ・ゴルマス ⑧	**San Miguel サン・ミゲル教会** [p.105]
	Santa Maria del Rivero サンタ・マリア・デル・リベーロ教会
Almazán アルマサン ⑨	**San Miguel サン・ミゲル教会** [p.106]
Santa María de Huerta サンタ・マリア・デ・ウェルタ ⑩	**Monasterio サンタ・マリア・デ・ウェルタ修道院** [p.108]
Segovia セゴビア ⑪	**Vera Cruz ヴェラ・クルス** [p.110]
⑫	**San Millán サン・ミリィアン教会** [p.114]
	San Martin サン・マルティン教会
	San Justo サン・フスト教会
	San Juan de los Caballeros サン・ファン・デ・ロス・カバリェーロス教会
	San Esteban サン・エステバン教会
Duratón デュラトン ⑬	**Iglesia de la Asunción de María 聖母昇天教会** [p.116]
Santo Domingo de Silos サント・ドミンゴ・デ・シーロス ⑭	**Monasterio サント・ドミンゴ・デ・シーロス修道院** [p.118]
Toro トーロ ⑮	**Colegiata de Santa María Mayor サンタ・マリア・マヨール僧会教会** [p.122]
Benavente ベナベンテ	**Santa Maria la Mayor o del Azoque サンタ・マリア・ラ・マヨール教会**
Fuentidueña フエンティドゥエニャ	**San Miguel サン・ミゲル教会**
Sepúlveda セプルベダ	**San Salvador サン・サルバドール教会**
	Santa Maria de la Peña サンタ・マリア・デ・ラ・ペーニャ教会
Sotosalbos ソトスアルボス	**San Miguel Arcángel サン・ミゲル・アルカンヘル教会**

route 4 **Catalunya** カタルーニャ

Ripoll リポイ ①	**Santa María サンタ・マリア教会** [p.128]
Lieida リェイダ	**La Sau Vella ラ・ソウ・ベヤ**
Roda de Isabena ロダ・デ・イサベナ	**Catedral 大聖堂**
Obarra オバラ	**Iglesia Monastica de Santa María de Obarra サンタ・マリア・デ・オバラ修道院教会**
La Seu d'Urgell ラ・ソウ・ドゥルジェイ ②	**Catedral de Santa Maria サンタ・マリア大聖堂** [p.134]
Andorra la Vella アンドラ・ラ・ベヤ ③	**Santa Colma サンタ・コルマ教会** [p.138]
Sant Pere de Casseres サント・ペレ・デ・カセレス ④	**Monasterio Sant Pere de Casserres サント・ペレ・デ・カセレス修道院** [p.140]
Sant Pere de Rodes サント・ペレ・デ・ロデス ⑤	**Monasterio de Sant Pere de Rodes サント・ペレ・デ・ロデス修道院** [p.142]
Cardona カルドナ ⑥	**Sant Vicenç サント・ビセンス教会** [p.146]
L'Estany レスタニー ⑦	**Santa María de L'Estany サンタ・マリア・デ・レスタニー教会** [p.148]
Agramund アグラムント	**Santa María de Agramund サンタ・マリア教会**
Vall de Boi ボイの谷 ⑧	**Sant Climent de Taüll サント・クリメント教会** [p.150]
⑨	**Sant Juan de Boí サント・ジュアン・デ・ボイ教会** [p.152]
	Santa Maria de Taüll サンタ・マリア教会
	Santa Eulalia de Erill la Vall サンタ・エウラリア教会
	La Nativitat de la Mare de Deu 聖母生誕教会
Girona ジローナ	**Catedral 大聖堂**
	Sant pere de Galligans サント・ペレ・デ・ガリガンス教会
Covet コベット	**Santa Maria de Covet サンタ・マリア教会**
Abella de la Conca アベヤ・デ・ラ・コンカ	**Sant Estevan サント・エステバン教会**
Barcelona バルセロナ ⑩	**Sant Pau del Camp サント・ポウ・デル・カンプ教会** [p.153]
Santa Margarida de Montbui サンタ・マルガリーダ・デ・モントブイ	**Santa Maria de la Tossa サンタ・マリア・デ・ラ・トッサ教会**
Sant Cugat del Vallés サント・クガト・デル・バリェス ⑪	**Sant Cugat del Vallés サント・クガト・デル・バリェス教会** [p.154]
Sant Fruitos de Bagés サント・フルイトス・デ・バジェス ⑫	**Sant Benet de Bagés サント・ベネト・デ・バジェス教会** [p.156]
Frontanya フロンターニャ	**Sant Jaume サント・ジョウム教会**
Barbera del Vallés バルベラ・デル・バリェス	**Santa Maria サンタ・マリア教会**
Sant Llorenç del Munt サント・ロレンス・デル・ムント	**Sant Llorenç del Munt サント・ロレンス・デル・ムント教会**
Sant Jaume de Frontanya サント・ジョーム・デ・フロンターニャ	**Sant Jaume de Frontanya サント・ジョーム・デ・フロンターニャ教会**
Olius オリウス	**Sant Esteve サント・エステーブ教会**
Sant Joan de les Abadesses サン・ジョアン・デ・レス・アバデセス	**Sant Joan de les Abadesses サント・ジョアン・デ・レス・アバデセス教会**

巡礼路周辺の見どころ

route 1
サンチャゴへの道周辺

● ロアレ城

スペイン最古の城の一つで、ほぼ完全なかたちで残っている。ロマネスク様式の礼拝堂も見事。この城はハカの南、約45kmの所にあるが、その途中には不思議な彫刻のような奇岩マリョスを見ることもできる。

● パンプローナ

ナヴァーラ博物館には多くのロマネスク期の彫刻、柱頭などが展示されており必見。催し物で特に有名なのが、町の中を人と牛とが闘牛場を目指して突進して行くサン・フェルミン祭で、時期は7月6日から14日まで。

● イラーチェ

エステーヤに程近い丘には旧王立聖母修道院がある。ロマネスク起源の教会も見事だが、付属のカーヴも試飲やワインの購入が楽しめる場所として覚えておきたい。

● ソス・デル・レイ・カトリコ

中世の街に迷い込んでしまったような、丘の上の小さな落ち着いた町。崖の立地を生かした素晴らしいパラドールがある。ロマネスクの教会、サン・エステバンも必見。

● アインサ

ハカの東、約80kmにある。スペインで最も美しい広場の一つといわれているマイヨール広場があり、ロマネスク様式のサンタ・マリア教会が広場を見下ろしている。ピレネーの山中方面にパラドールがあり、雄大な山岳風景が堪能できる。

● ハビエル

サングエーサの町から10分程の所に、F.ザビエルが生まれた城が残っている。

● ブルゴス

レコンキスタ（失地回復）の英雄エル・シドゆかりの河岸に展開する美しい町。ゴシック様式の大聖堂はスペイン3大カテドラルの一つ。ステンドグラスが美しい。

● レオン

3大ゴシック式カテドラルの一つである大聖堂がある。もう一つの見どころとして、カタルーニャ以外ではめずらしいガウディの作品、カサ・デ・ポティネスがカテドラルのすぐ近くにある。

● アストルガ

素晴らしいゴシック様式の教会と、北部では珍しいガウディの作品「旧司教館」がある。現在は巡礼者博物館に利用されており、拝観できる。

● 巡礼路

このルートは古い巡礼路の面影を随所に見つけることができる。シラウキの村の西方。サン・アントン修道院からカストロヘリスの間、レオンからアストルガの間、アストルガからポンフェラーダの間、ビヤフランカからセブレイロ峠を経てサリアへ下る道。このルート全ては無理であっても、気に入った区間を歩いてみるだけで、巡礼の雰囲気を味わうことができるだろう。

route 2
海の道周辺

● サンティリャーナ・デル・マール

町全体が歴史的保存地区になっている。石畳と石造の家が続き、中世の雰囲気がそのまま息づいている古い時代の巡礼地。この町の西にあるコミリャスには、ガウディが設計した東屋があり、現在はレストランとして営業中。 19世紀に発見された洞窟壁画で有名なアルタミラもこの町のすぐ南方。天井一杯に100ちかい動物の絵が生き生きと描かれている。ただし洞窟保存のため、見学が制限されていて、数年先まで予約がいっぱいとのこと。インターネット予約が可能。

● ビルバオ

1997年、グッゲンハイム美術館がオープンしこの地方の文化の中心地となっている。 F.ゲーリー設計のチタニウムで覆われたうねるような外観が特徴。

● ラ・コルーニャ

ローマ時代からの港町で、この地方の中心都市。スペイン海軍が世界の海を制していた時代の本拠地。海沿いの通りには、ガラスのバルコニーをもつ建物が軒をつらね、「ガラスの町」と呼ばれている。

その他このルートの海岸線には、いたる所に大小の港町が点在し、シンプルな調理法の美味しいシーフード料理を食すことができる。地中海側に比べて価格も安く、日本人に馴染みのふかいタコの料理も絶品である。この地方から南の巡礼路に抜ける南北のルートは、山越えを何度も繰り返す山岳ルートであるが、四季折々の息を呑むような風景を満喫できる。

route 3
カスティーリャ・イ・レオン周辺

● セゴビア

アソゲボ広場にそびえ立つ、ローマ時代に建設された水道橋が有名。また大聖堂や城塞のアルカサールも有名であるが、この地方ではやはり、野鳥料理とブタの丸焼きを食すべし。

● アビラ

世界遺産に登録されている、外周2kmの外壁で囲まれた旧市街。標高1200mに位置するせいか、冬の厳しさは格別。

● サモラ

ロマネスク美術の宝庫といわれるこの町には、大小16ものロマネスク様式の教会が点在している。近郊のトーロの町と共に1日で見てまわれる。パラドールも町の中心にある。

● サラマンカ

世界最古の大学を擁するこの町には、スペインで一番美しいといわれているマイヨール広場がある。夜、ライトアップされた広場は美しいの一言。学生が多く、非常に活気のある素晴らしい町。

他にもこの地方には極めて個性的で独自性をもった魅力的な町が多くある。

route 4
カタルーニャ周辺

● バルセロナのカタルーニャ美術館

ロマネスク美術の分野では世界有数のコレクションを誇り、なかでもピレネー山麓各地の聖堂から移された壁画には圧倒される。展示方法は、元の聖堂にあったように内部が復元され、作品の本来の姿を知ることができる。

● フィゲラスのダリ美術館

この美術館は芸術を硬く考えずに、ダリ自身のユーモアを素直に受け入れて、おおいに芸術を楽しむべき美術館。

● コスタ・ブラバ

フランス国境から200kmにわたって入り組んだ海岸線や入り江やビーチが続く美しい海岸。特に魅力的なカゲダスはダリの小さな美術館やギャラリー、それに新鮮なシーフードレストランが沢山ある。著名なフレンチレストラン「エル・ブリ」もこの地域にある。

● モンセラート

ガウディのデザインの原点ともいわれている奇妙な岩山が乱立しているバルセロナ郊外のキリスト教徒の聖地。ベネディクト派の修道院があり、礼拝堂に祀られている黒いマリア像が有名。バルセロナからの手ごろな日帰り観光地。登山鉄道も楽しい。

● アラン渓谷

カタルーニャの最深部、フランス国境との間に横たわるU字谷。この渓谷に点在する村は、それぞれ個性的でフランスとの関連をもつロマネスク時代の教会を今に伝えている。谷は端から端まで車で走っても1時間もあれば十分。

● アンドラ公国

スペインとフランスに挟まれたピレネー山中の小国。この国はタックスフリーで有名で、週末にはヨーロッパ中からの買物客でごったがえす。小さいながらもロンバルディア風の個性的なロマネスク教会が点在し必見である。

パラドール

パラドールは国営の宿泊施設で、国のもち物を利用することをその趣旨としているから、国の買い上げた文化財の多くもそうした用途に供されている。つまり文化財の中に宿泊ができるということだ。レオン、サンチャゴのパラドールは、16世紀の修道院や、15世紀の王立病院を宿泊施設として使用している、歴史が息づく人気の宿泊施設である。この歴史的な建築の中で一夜の夢を紡ぎ、フルコースの食事、極上のワインを楽しむ。旅行者のみに許される至福の時間である。

特にこの二つのパラドールは施設としては一級品でどんな五つ星のホテルにも負けない。しかし地方にも個性的なパラドールが数多く点在し、素晴らしい一夜の夢と、個性的な食事を提供してくれる。

ソス・デル・レイ・カトリコの町の高台にあるパラドールは、夕暮れのアラゴン平原を一人占めできる屋外テラスをもち、レセプションホールが素晴らしいサント・ドミンゴ・デ・

レオンのパラドール

アビラのパラドール

ラ・カルサーダは13世紀以来、巡礼者の宿となっていた病院をそのままホテルとして使用している。カルドナ、ベナベンテ、シグエンサでは中世の城塞の中に部屋を設け、レストランは物見櫓の中にと徹底している。アビラ、サモラは中世の宮殿であり、セルベラ・デ・ピスエルガ、ビエルサでは雄大な山岳風景、リバデオ、ヒホン、アイグアブラバでは美しい海の風景を楽しめる。それぞれ個性豊かで、数をあげればきりがない。

しかしなんといっても素晴らしい館には、素晴らしい料理とワインがつきもので、これを楽しまない手はないだろう。教会巡りに疲れた身体を癒してくれる一番の妙薬となろう。是非宿泊にもゆっくり時間をとって、歴史的な背景を背負いながら一日の活動と感動に思いをはせてみてはいかがだろうか。アミーゴス・デ・パラドールの会員になるとさまざまなサービスや情報が得られるので、パラドール中心の旅をする場合には入っておくとよいかもしれない。

サント・ドミンゴ・デ・ラ・カルサーダのパラドール

サンティリャーナ・デル・マールのパラドール

サンチャゴ・デ・コンポステーラのパラドール

巡礼路

車でではあるが、幾度となくサンチャゴへの巡礼路を往復した。遠い昔、多くの巡礼者がたどったであろう古道を、現代の巡礼者の一人として旅するのは感慨深いものである。
この古道で迎える天候は、気候のいい晴れた日ばかりではない。寒い日、雨や雪、また霧の日と、この地方特有の厳しい気象条件が立ちはだかる。しかし、このような悪条件をも忘れさせる魅力をもった不思議な古道でもある。ピレネー越えでは雄大な山岳風景を楽しませつつ、アップダウンを体験させ、しばらくはハカ、プエンテ・ラ・レイナ、エステーヤと珠玉の町を通過する。その後は、リオハ、カスティーリャの果てしなく続く広野を歩かせ、飽きた頃に、しばらくぶりの大都会レオンへと導く。
ここで休養を十分とった旅人には第2の難所、イゴラ山越えが待ち構える。標高1500mの山頂近くには、巡礼者が石を積んで小山のようになった「鉄の十字架」があり、これを見て苦しい思いで峠を越えてきた旅人は、大いに勇気づけられる。この付近で振り返れば、多くの巡礼

教会を後にし、荷物を背に歩く
現代の巡礼者たち

アストルガにあるA.ガウディ設計による巡礼者博物館(旧司教館)

巡礼路の傍らにそっと佇む礼拝堂

セブレイロ峠で巡礼者たちを迎える巡礼者像

者が峠を目指して上ってくる姿を目にする。
峠を一気に下れば、ビリャフランカ・デル・ビエルソ。この町にあるサンチャゴ教会の「赦しの門」が高ぶった気持ちを落ち着かせる。さあいよいよ最後の難所、胸突き八丁のセブレイロ峠だ。この峠にも、遠くサンチャゴを目指す巡礼者のオブジェがあり、多くの人々に勇気を与え、残り少ない行程を認識させる。緑豊かなガリシア地方を一気に駆け抜ければ、ついに終点、夢にまで見たサンチャゴ・デ・コンポステーラ。
最盛期の12世紀には年間50万人もの人々が巡礼をした。だが度重なる戦争、宗教改革と大打撃を被り、その数は激減する。しかし中世の苦難の時代を乗り超えた巡礼路は、今や世界遺産に登録されたこともあり、巡礼熱が再びブームをむかえた。動機や思いこそ違え、サンチャゴを目指す人々は、この巡礼路の伝統が生きていることを実感するであろう。

オスピタル・デ・オルビーゴ付近の石畳の巡礼路

巡礼路であることを示す十字架のある石畳の街

イゴラ山頂付近にそびえる十字架

ローマ時代の橋が残るシララキ付近の巡礼路

自然

ヨーロッパで3番目の国土面積を誇るスペインでは、どこに行っても美しい自然に出会うことができる。ロマネスク教会が点在する背景には必ず独特の強烈な自然が存在し、それもまた大きな楽しみの一つなのである。

カタルーニャのサント・ペレ・デ・ロデスは、山頂近くの500mの高台にあり、見渡す限りの地中海の大パノラマを楽しむことができる。東はフランス国境、西はどこまでも続くコスタ・ブラバの海岸線だ。ロマネスク教会と海とのこれはど劇的な出会いは数少ない。

アラゴン地方では、いたる所からピレネー山脈の雄大な風景が楽しめる。サン・ファン・ド・ラ・ペーニャの山道からのピレネー、ハカよりウエスカにぬける峠道からのピレネー、同じピレネーでも、見る方向によって姿が一変する。その只中には厳しい風貌のロマネスク教会が完全に溶け込んで存在しているのである。

カスティーリャ・イ・レオンでは、地平線が見えるのではと思うほどの広大な広野が続き、夏には一面のひまわり畑を目にする。丘の上にいきなり風力発電の風車の大

奇岩マリョスの足元にあるアゲーロ村

ラ・ソウ・ドゥルジェイ郊外の朝もや

サン・ファン・ド・ラ・ペーニャに至る山道より見るピレネー山脈

アラン谷、サラルデュ村の風景

N330のモレンポス峠より見るピレネー山脈の朝焼け

群が不気味に現れる。草原の只中にぽつんと現れる教会。

ガリシア地方のセブレイロ峠では、夏でも突然の雪や霧に悩まされ、東洋的な墨絵の世界を体験できる。緑深い山間に仄見える尖頭屋根が自然に耐えるようにその風景の一部となっている。

こころが和む自然といえば、アストゥリアスとカンタブリアの海岸線であろう。鄙びた漁村にカラフルな漁船、穏やかな海岸線、静謐なるピクチャレスクな世界である。

スペインといえば、限りなく青い海に白い壁、オレンジの木陰とアラブの幾何学模様といったイメージをもつ、セビリヤやグラナダを代表とするアンダルシア地方が一般的には真先に目に浮かぶかもしれないが、中北部のさまざまな場面でロマネスク教会の背景となる美しく厳しい自然も是非体験していただきたいし、そこにスペインの違った一面、あるいはより本格的な自然との対話というスペインで最も魅力ある一面を発見できるはずである。

カタルーニャ最深部、アラン谷の初雪

サント・ペレ・デ・ロデス付近の大パノラマ

サント・ペレ・デ・ロデスより地中海を望む

モリナセカ村の入り口、メルエロ川に架かるロマネスク時代の橋

食

スペイン独特の食習慣としてまず浮かぶのは、タパスであろう。夕方、ビールやワイン、シェリー酒を片手に、タパスをつまみながら、地元のサッカーチームの話に夢中になっている人達をよく目にする。夜、 10時を過ぎてから始まる夕食までのつなぎの料理として大いに重宝するが、おつまみといってもその種類の豊富さ、ボリュームに驚かされる。ミーガス（パンを炒めたもの）、肉や魚介類のマリネー、トルティーヤ（オムレツ）等々がお勧めである。

新しいスペイン料理の革命は、カタルーニャやバスク地方が主な発信源となっていて、新進気鋭の若いシェフ達がミシュランの星を争っている。これはフランスに近いという地理的な影響も大いに関係しているのかもしれない。この地方を旅すると、夜の食事が大変楽しみになる。

ロマネスク教会が点在する地方の有名な料理では、カスティーリャのコチニーリョ（子豚の丸焼き）、コルデーロ・アサード（小羊の焼肉）、ナバーラのトゥルーチャ（鱒）、

子豚の丸焼き

タコの薄切り

バルに並ぶピンチョス

ウズラの丸焼き

カタルーニャのアロス・ネグロ（イカ墨のパエリャ）、カラコレス（かたつむり）、ガリシアのプルポ（タコ）料理、アストゥリアスのファバーダ（豚肉とインゲンの煮込み）等があげられ、ハモン・イベリコ（生ハム、サラミなど）、リオハキャベツのサラダ、ソパ・デ・アホ（ニンニクスープ）、チョリソ等も、どこで食べても後悔したことが無い。

料理には欠かせないアルコール類も、ワインを始め、シェリー、シドラ、カバ、アニス、サングリアとお好みしだいである。特にワインは、フランス、イタリアに並ぶ世界3大産地の一つ、是非好みのワインを味わってもらいたい。巡礼路の東側リオハ地方は、世界に名の知れた最高級の赤ワインを産することで有名である。ぶどうの種類としてはメルロー、カベルネ・ソービニョンなどフランスと同じものや、クリアンサなど独特のものもあり、いずれもつんと立った強い味が特徴である。スペイン料理にはよく合う。スペイン各地の素朴な料理とワインを味わっていると、フランスやイタリアとはまた違った充実感が味わえることであろう。

アロス・ネグロ

バルに並ぶ大皿盛（マッシュルームとハム、トルティーリャなど）

リオハキャベツのサラダ

ゆでだこ、シャンピニオン、ムール貝などさわやかな味付けのピンチョス

写真：櫻井紅絹

旅の知恵

交通

巡礼路をどう辿るかはそれぞれの価値観で変わってくるだろうが、徒歩で辿る場合には詳細なガイドブックを用意しておきたい。残念ながら日本語のガイドブックはないが、スペイン語では多くのガイドブックが出版されているから手に入れてから出発しよう。巡礼地のスタンプを集めるための証明帳（La Credential）はサンチャゴ巡礼路友の会（Associaciones de Amigos del Camino de Santiago）で入手できるからこれも密かな楽しみになるだろう。100km以上歩行（自転車で200km以上）による巡礼をするとサンチャゴにおいて証明書（La Compostela）が発行されるので、これもまた記念となるだろう。

巡礼は本来徒歩を前提としているが、本書は建築を主眼としているために、やはり効率よく教会を巡るにはレンタカーが前提となろう。大手チェーン店であれば、日本から個人あるいは代理店を通じての予約が簡単にできるので、時間の節約を考えれば事前に準備しておきたい。道標などはしっかりしているから、目的地にたどり着くにはさほど問題はないが、多くの地域で高速道路、一般道路の建設中で、2003年現在状況は刻一刻変化している。新設道路は素晴らしく快適だが、大きな道路が邪魔をして小さな村に到着しづらくなっていたり、降りられずに通り過ぎてしまったりというできごとは覚悟しておいたほうが良い。道路標識は国際ルールなのでほとんど理解できるが、フランスに比べると、少々案内板の数が少ないか、合理的な配置に配慮が欠けているような気がする。概して山道が多いので運転には慎重を期したい。ピレネー山中や、巡礼路から海の巡礼路に抜ける南北の山越えのルートは、落石や道路の陥没、刻々と変化する気象条件など、細心の注意が必要である。特に冬季にピレネーを訪れる場合にはチェーンの用意は不可欠となる。紹介している教会の中にも詳細な地図ですら該当する村の名前が標記されていないものもあり、地図と掲載経路図とを照らし合わせて確認されたい。山道には頻繁に動物注意と落石注意の道標が標示されているが、確かに突然の動物の飛び出しや、家畜の列がゆっくり通過するなどもよく目撃するし、路面に落石が散乱していることも時にある。かく言う筆者も石をまたいでオイルパンを割り、山道の途中でダウンしてしまったという苦い経験がある。

準備するもの

全体の概要を理解しやすい地図と、詳細にすべての道路が表現された地図が必要。道路地図は各種あるが、やはり一番信頼できて見やすいミシュランの地図がよい。詳細地図は「Atlas Routier et Touristique SPAIN」を薦める。宿泊も事前に決まっている所があれば予約をしてから行きたい。春、秋の旅行シーズンは特に都市部の予約が困難である。ホテルのリスト及びレストランの情報を得るのには、ミシュランの赤本がどこでも手に入れやすく参考になる。レストランの評価はフランス基準なので注意が必要。もちろんインターネットの活用もお勧めできる。

気候

やはり旅行のベストシーズンは春と秋であろう。夏は日照時間も長く時間を最大限活用できるが、夏の強烈な気温を考えるとあまり薦められない。冬は一晩で数十センチの雪が降ることもあるし、車の運転や道路の凍結のことを考えるとあまり薦められない。春は光り眩しく、輝く風景が楽しめるし、秋には紅葉に赤く染まった風景が素晴らしい。食事やワインが美味しいのも秋かもしれない。

教会の拝観の仕方

教会の拝観は時間で決まっている場合もあれば、完全に閉じていて近辺の住人がもち回りで鍵を管理している場合もある。閉まっていたら通りがかりの人に誰が鍵をもっているかを聞いてみればほとんどの場合判明する。お礼の小銭は用意しておいたほうがよいかもしれない。時間で開閉している場合、夏と冬で時間割が異なる場合がほとんどなので注意が必要だ。夏シーズンのほうが開いている時間が長く、効率よく見て回るには季節を選びたい。

宿泊

宿泊は巡礼路の避難所ですごすのも旅情が増すであろうし、歴史的なパラドールの施設は適切な価格で素晴らしい環境が楽しめる。パラドールはもちろん、一般のホテルもハイシーズンは予約が必要。現地の週末が連休に絡むと意外な時期にも予約が難しくなるから、快適な宿泊のためには準備は怠らないように。「パラドール」の項を参照。

通貨

最近はかなりの田舎町に行っても、日本円を直接ユーロに換金することが可能になった。町に銀行がない場合でも郵便局が代行している。大きな空港や駅よりも、町中の銀行や郵便局の方がレートははるかに有利。ほとんどの支払がカードでできるので、レートのロスを考えながら双方を上手く使い分けたい。

盗難

大都市の中にある教会以外は人気のない所が多い。特に冬はほとんど人に出会わないこともある。駐車スペースには困らないが、盗難の危険度は高い。くれぐれも貴重品は車内に残さず、トランクに収めるようにしたい。旅行保険にはしっかりと加入し、運悪く盗難にあってしまった事態に備えよう。

その他

スペインで教会や修道院を訪れる際はイタリアと同様で、服装やマナーに十分な配慮が必要。ノースリーブのシャツ、ショートパンツは厳禁。歩きでの巡礼でも着替えを用意のこと。

参考になる代表的なサイトは以下の通り。

http://www.spain.info/
http://www.caminosantiago.org/
http://www.xacobeo.es/
http://www.caminhodesantiago.com/
http://www.parador.es/
http://www.toprural.com/
http://www.spaintour.com/
http://www.pueblos-espana.org/
http://www.ibero-japan.co.jp/index.html
http://www.ksy-j.com/link.htm
http://www.vallboi.com

参考文献一覧

The Pilgrims' Road to Santiago (Millán Bravo Lozano) Turespaña Editorial Everest
Aeroguìa del Camino de Santiago (Román Hereter) Editorial Planeta
Los Caminos de Santiago Acento Editorial
El Camino de Santiago a Pie (Paco Nadal) El Pais Aguilar
El Arte Románico Español (Fernando de Olaguer Feliù y Alonso) Editiones Encuentro
Las Rutas del Románico en España (Jaime Cobereros) Anaya Touring Club
Rutas Románicas en Aragón (Angel Canellas Angel San Vicente) Ediciones Encuentro
Rutas Románicas en Navarra (Luis M. De Lojendio) Ediciones Encuentro
Rutas Románicas en Cataluña 1,2 (Eduard Junyent) Ediciones Encuentro
Rutas Románicas en El Paìs Vasco (Agustín Gómez Gómez) Ediciones Encuentro
Iglesias Mozarabes Leonesas (Jaime Federico Rollan Ortiz) Editorial Everest
Románico en Cantabria (Miguel Angel Garcia Guinea) Estudio
The Preromanesque in Asturias (Lorenzo Arias) Ediciones Trea
Catalunya Románica L'Architectura del Segle XI (Eduard Junyent) Biblioteca Abat Olia
Catalunya Románica L'Architectura del Segle XII (Eduard Junyent) Biblioteca Abat Olia
Catalunya Románica Guies Comarcals 1-4 Pòrtic
Monestirs de Catalunya (Jesús Mestre i Godes Joan Albert Adell)
Rutas del Románico en la provincia de Huesca Cayetano enríquez de salamanca editor
Rutas del Románico en la provincia de Soria Cayetano enríquez de salamanca editor
Rutas del Románico en la provincia de Palencia Cayetano enríquez de salamanca editor
Rutas del Románico en la provincia de Zamora Cayetano enríquez de salamanca editor
Rutas del Románico en la provincia de Salamanca Cayetano enríquez de salamanca editor
Rutas del Románico en la provincia de Leon Cayetano enríquez de salamanca editor
La Iglesia de San Miguel de Escalada (Ricardo Puente) Editorial Albanega
Santa Maria de Gradefes (Ricardo Puente) Editorial Albanega
San Martín de Frómista (Ricardo Puente) Editorial Albanega
La Colegiata de Toro (Ricardo Puente) Editorial Albanega
Caminos de Silos (Juan Gabriel Abad Zapatero) Hotel Tres Coronas de Silos
La Iglesia visgoda de San Pedro de la Nave (Rafael Barroso Cabrera Jorge Morin de Pablos) Ediciones B.M.M.&P.
Sant Pere de Casserres (Antoni Pladevall i Font) Fundació Caixa de Manlleu
El Arte Románico en la Ciudad de Soria Fundacíon Santa Maria la Real
Roda de Isábena Historia y Arte (Manuel Iglesias Costa) Edita D.D:P.C.P
San Pedro de Tejada Encina Huidobro Llano
El Arte Romanic dela Val d'Aran (Elisa Ros Barbosa) Conselh Generau d ´ Aran
El Valle de Boí   Editorial Milenio
Arte Prerromanico en Castilla y León (Javier Sainz Saiz) Ediciones Lancia
El Romanico Rural en Castilla y León (Javier Sainz Saiz) Ediciones Lancia
その他　Ediciones Lancia の地域別ロマネスク教会シリーズが多数ある。
Edilesa社のPatrimonio artistico シリーズでは多くの単体の教会を扱っている。
SD選書「ロマネスク（上）」（アンリ・フォシオン）鹿島出版会
SD選書「ロマネスク（下）」（アンリ・フォシオン）鹿島出版会
「フランスのロマネスク教会」（櫻井義夫＋堀内広治）鹿島出版会

図版制作

須川悠理子
佐藤明菜
高倉健太
富田小百合
吉田麻紀
伊藤公美子
西村洋也
畑石圭司
中澤宏仁
清信良太
櫻井義夫＋インテルメディア・デザインスタジオ

ブックデザイン

高木達樹

ロマネスクの吸引力——あとがきにかえて

フランスからスペインへと走り回り、数限りなく村々を訪れた。村の中心には必ずロマネスク起源の教会があって、精神的な、あるいは少なくとも物理的な中心としての強い存在感をもっていた。歴史的な背景には農業革命による経済的な基盤の変化と民族移動の沈静があげられるが、その極めて広汎に及ぶ建設環境は都市自体も同時期に展開したことによって、モニュメントとその背景という総合的な都市の創生からの視点で考えないと、評価しがたいものとなるであろうことは容易に想像がついた。つまりヨーロッパの一般的な都市史はローマ起源の遺構の上にロマネスクの都市がオーバーラップするか、あるいは直接にロマネスクから始まるのである。中世を残すヨーロッパの都市は必ずロマネスクの痕跡があり、それを私たちはヨーロッパのイメージとして定着させている。巡礼への情熱はこの時代の地域の勃興と無縁ではない。人々が自由に動けるようになった背景は都市の創生と同じ理由に基づいているからであり、一つの建築様式を形成する背景もまた同様にここにある。

私の巡礼への情熱は、こうしたヨーロッパの空間の一つの原型を探ることにある。そこには象徴的な光と影のコントラスト、特定の空間形式、文化的な背景による地域性のヴァリエーションなどがあって、それは常に私の中には日本の空間との比較級において存在している。しかし巡礼を続けるたびにそこで保障されている生活の質によって、比較級が最上級にならんと常に私を強く吸引していることは厄介な問題である。その厄介な空間の原点は私個人にとってはイタリアに存在し、イタリアに向けての新たな巡礼は堀内氏を巻き込みながらすでにスタートしている。

フランスの旅を終え、大聖堂中心の巡礼に慣れてしまうと、小さな村はずれにある教会からスタートしたスペインの旅は当初肩透かしを感じたものである。しかしフランスで最も魂に触れる空間は結局カタルーニャの文化圏にあったキュクサでありカニグーであったことは、再度スペインで体験する空間に連続したものを感じることによってまた巡礼に突き動かされるきっかけとなった。スペインは予想以上に奥が深く、どこまでいっても素晴らしいロマネスク教会があり、それぞれ地域性豊かな魅力にあふれていた。頻繁に道に迷っては通りがかりの人々に道を尋ね、丁寧に教えてもらった。スペインの人々の暖かさは極めて印象的であった。今回もまた堀内広治氏の旅を追う形でスタートしたサンチャゴへの道は、氏の先行する写真がなければさらに遠いものになったに違いない。そのバイタリティーには常に脱帽である。またフランス同様に車の助手席には常に家内の紅絹が納まってくれた。「旅情盛り上げ係」と諧謔的にいってはいるものの、彼女の援助がなければこの巡礼は成立しなかっただろうし、今回は堀内氏も認める腕で食事の写真でも参加してもらった。鹿島出版会の相川幸二氏にはこの企画を強く支持していただき、多くの助言をいただいた。パリ日本文化会館館長である磯村尚徳氏にはフランス編に続き多くの助言と帯の文章をいただいた。ここに感謝の意を表したい。

2004年3月31日　櫻井義夫

あとがき

以前、フランスのロマネスク教会を撮影するきっかけとなったのは、パリからの何気ない小旅行であった。この5年間におよぶスペインのロマネスクの旅も、何気ないピレネー越えから始まっている。6年程前に、当時フランスの教会を撮影中、気分転換のつもりでピレネー越えをした。距離にして30km程の峠越えであったが、山を一つ越えただけでそこには雄大にして美しく、また過酷な自然、気象条件が待ち受けていた。また同じロマネスク期の教会にしても、フランスの優雅さ、気品の高さ等、一片もち合わせていない、その質実剛健で力強い形態に度肝を抜かれた。かのナポレオンがいったという「ピレネーを越えるとそこはアフリカだ」を身をもって体感した。それ以来5年間、カタルーニャの灼熱の荒野、厳冬のピレネー山中、カスティーリャ・イ・レオン、アストリア、ガリシアの広大な地域に点在する地図にも載っていない小さな教会の撮影の旅を続けた。覚悟をしていたのに過酷な思い出ばかりの撮影になった。カタルーニャの80ヵ所を撮影し、この旅のハイライトでもあるサンチャゴへの巡礼路の教会を約50ヵ所、その後カスティーリャ・イ・レオン、アストリア、ガリシアで50ヵ所、旅の終着点はサンチャゴ・デ・コンポステーラのカテドラルと心に決めていた。この地で目的、手段こそ異なるが、多くの巡礼者達と大きな仕事をやり終えた充実感、達成感、満足感を共有することになった。

この5年間を振り返る今、さまざまな思い出がよみがえる。初めて訪れたカタルーニャの山中で崖崩れにあい、一晩を車中ですごしたこと、異常気象だった昨年は、一晩に1mちかい雪に降られ、雪の中からスコップで車を掘り出し、あまり経験が無い一日に数回ものチェーンの付け替えと、思い出にはこと欠かない。しかし一番の思い出といえば、「オラァ」と気軽に声を掛けあい励ましあう国籍もさまざまなサンチャゴを目指す巡礼者達である。若い人達が多いのには驚かされ、雨の日、吹雪の日もその姿を見ない日はない。峠から見ていると、山麓から峠を目指し点々と続く彼等の姿を見ることができる。この風景はおそらく遠い昔と少しも変っていないだろう。現代に生きる人々が何を求めて歩くのか、現代だからこそ歩かざるをえないのか、解答はもう少し先になりそうだ。近い将来、我が家の子供達も引き連れて答えを探す旅をしてみたい。

この旅も、既刊「フランスのロマネスク教会」同様、櫻井義夫氏との不変のコンビである。フランス、スペインと50回程の取材をしているが、今回もまた一緒に旅をする機会は無かった。何時も別々の不変のコンビである。フランス、スペインと続いたロマネスクの旅も、次はイタリアという大きくて厄介なパンドラの箱を開ける時が来たのかもしれない。

最後になってしまったが、良き友人でもある鹿島出版会の相川幸二さん、いろいろ有り難うございました。スペインでのストイックな旅の帰途、いつもパリであたたかく迎えて下さった櫻井夫人の紅絹さん、感謝します。図面を書き起してくれた多摩美大の須川悠理子さん、有り難う。スペイン大使館の武者弥生さん、スペイン政府観光局の三戸多恵さん、大変お世話になりました。また名前をあげることはできないが、多くのふれあいをもったスペイン各地に暮らす人達、巡礼路で共に旅した巡礼の人達にもお礼を申し上げたい。

2004年3月31日　堀内広治

著者略歴

櫻井義夫[さくらい・よしお]

1957年　埼玉県生まれ
1987年　東京大学工学部建築学科、ヴェネツィア建築大学に学び、東京大学大学院修士課程修了
1993年　丹下健三都市建築設計研究所、マリオ・ボッタ事務所、クリスチャン・ド・ポルザンパルク事務所を経て、
櫻井義夫+I／MEDIA設立し現在に至る
2000年〜芝浦工業大学非常勤講師
主な作品　チェリードーム、Villa KNT、ISZなど
主な著者　「フランスのロマネスク教会」(鹿島出版会)、
「日本建築における光と影」(翻訳、a+u、新建築社1995年6月号)など

堀内広治[ほりうち・こうじ]

1952年　大阪府生まれ
1974年　東京写真大学研究科修了、村井修に師事
1984年　新写真工房主宰し現在に至る
1995年〜建築写真家協会写真展出展
1997〜2000年　慶應義塾大学環境情報学部非常勤講師
1998年　「フランス・ロマネスク 古寺巡礼」写真展
2001年　「フランス・ロマネスク 古寺巡礼」写真展、「櫻井紅絹 堀内広治 二人展」(ギャラリー・GMB)
2001年〜多摩美術大学環境デザイン学科非常勤講師
主な特集　「風景から広場へ」(商店建築社)、「パリの奇跡」(日経BP社)、
・写真集　「パリ・グランプロジェ」、「フランス中南部のロマネスク建築」、「ツール・ド・ロマネスク」、
「フランスのロマネスク教会」(以上、鹿島出版会)
信濃町教会(日本基督教団信濃町教会)、東京国際フォーラムCD-ROM写真集

ヨーロッパ建築ガイド

スペインのロマネスク教会

時空を超えた光と影

2004年5月28日　第1刷発行©
2006年5月10日　第2刷発行

著者　櫻井義夫=文　堀内広治=写真
発行者　鹿島光一

発行所　鹿島出版会
100-6006 東京都千代田区霞が関3丁目2番5号
電話03(5510)5400　振替00160-2-180883

印刷　半七写真印刷工業
製本　牧製本

ISBN4-306-04437-8 C3052　Printed in Japan

本書の内容に関するご意見・ご感想は下記までお寄せください。
URL:http://www.kajima-publishing.co.jp
E-mail:info@kajima-publishing.co.jp